INITIALEN

Josefine Johanna Mohrhard,
geb. Krumpschmid, wurde 1989 in Groß-Umstadt geboren und wuchs im vorderen Odenwald auf. 2013 schloss sie ihr Bachelorstudium im Bereich Buch- und Literaturwissenschaft an der Johannes Gutenberg-Universität in Mainz ab. In ihrer Bachelorarbeit behandelte sie das Transmedia Storytelling. Den Master of Arts erlangte sie im Jahr 2016 mit der Bestandsaufnahme zu Slow Reading, die von Prof. Dr. Ute Schneider betreut wurde. Parallel dazu sammelte sie Eindrücke in der Buchbranche durch ihre Arbeit bei der Stiftung Lesen, für die sie inzwischen als Projektmanagerin im Programmbereich Schule und Jugend tätig ist und wo sie unter anderem das bundesweite Projekt »Leseclubs – Mit Freu(n)den lesen« betreut.

Josefine Johanna Mohrhard

Slow Reading

Der neue Lesetrend

Seit 2013 erscheinen in der Reihe *Initialen* herausragende Abschlussarbeiten der Mainzer Buchwissenschaft. Im *Verlagslabor* übernehmen Studierende des Bachelor-Studienganges *Buchwissenschaft* der Johannes Gutenberg-Universität Mainz die vielfältigen Aufgaben von Lektorat, Herstellung und Marketing.

http://www.initialen.wordpress.com

Band 35: Slow Reading

Gesetzt aus Minion Pro und Myriad Pro
in der Lehrdruckerei der Mainzer Buchwissenschaft
von Alina Kerber & Annika Steinacker

Lektorat: Lea-Marie Rabe, Sophie Strahl & Melina Wendt

Marketing: Vivienne Backof, Alexandra Heuwerth,
Cara Küpper & Janine Müller

Druck & Bindung: Books on Demand (BoD), Norderstedt

ISBN 978-3-945883-63-1

Auch als PDF (ISBN 978-3-945883-65-5)
und EPUB (ISBN 978-3-945883-64-8) erhältlich.

INHALT

GELEITWORT

Slow Food, Slow City, Slow Travel, Slow Sex. Nun auch Slow Reading. Was heißt »Slow Reading«? Handelt es sich um eine neue Lesetechnik? Und wie ist sie im multifunktionalen Umgang mit dem Buch einzuordnen? Welche Bedürfnisse des Lesers und der Leserin werden mit ihr erfüllt?

Josefine Mohrhard hat an diese noch kaum untersuchte Facette der Kulturtechnik Lesen Fragen gestellt, um ihr in ihrem Entstehungskontext wie in ihren momentanen Ausprägungen auf die Spur zu kommen.

Slow Reading – langsames Lesen – ist ein aktuelles, vielleicht ein kultur-modisches Phänomen, das seit ein paar Jahren aus den USA, insbesondere US-amerikanischen Colleges und Universitäten, nach Europa exportiert wird. Man kann es als späte Reaktion auf die seit Jahrzehnten existierenden Überlegungen und Tipps zur Beschleunigung des Lesetempos bei gleichzeitig effizienter Erfassung komplexer Texte verstehen, man kann es aber auch als Reaktion auf das häppchenweise, oberflächliche und eher flüchtige Lesen deuten, das bei der Nutzung von Online-Medien geradezu unvermeidlich scheint und damit im krassen Widerspruch zu diesem neuen Trend steht. Eine wissenschaftliche Aufarbeitung dieser speziellen Lesetechnik fehlte bislang. Angelsächsische Arbeiten zu diesem Themenkomplex gehen oftmals nicht weit über Handreichungen zur Umsetzung von Silent Reading Partys oder Slow Reading Clubs hinaus.

Josefine Mohrhard hat dies nun erstmals einer wissenschaftlichen Analyse unterzogen und die Wurzeln des Slow Readings aus unterschiedlichen Feldern hergeleitet. Recht eng verwandt mit dem in der Literaturwissenschaft verorteten Close Reading auf der einen Seite, aber ebenso deutlich inspiriert von Bewegungen wie dem Slow Movement, ist die Technik des Slow

Readings akademisch verwurzelt und gleichzeitig fügt sie sich in den aktuellen Mainstream-Gedanken eines nachhaltigen Lebensstils ein. Fast überflüssig zu betonen, dass sich Slow Reading am effektivsten im Lesen von gedruckten Büchern umsetzen lässt. E-Books entziehen sich leicht dieser Technik. So werfen Vergleiche von Slow Reading mit anderen sozialen Bewegungen Parallelen auf. Prominentes Beispiel, das auch in Deutschland schon jahrelang Beachtung findet, ist die Slow-Food-Bewegung. Der Wunsch nach Entschleunigung eines als hektisch, flüchtig und damit als unbefriedigend empfundenen Lebens wird in Slow-Reading-Prozessen durch das tiefe Eintauchen in Geschichten und Figuren erfüllt.

Mit der vorliegenden Masterarbeit ist Slow Reading nun wissenschaftlich fundiert in den vielfältigen Dimensionen des Lesens positioniert worden.

Ute Schneider
im Dezember 2017

1 EINLEITUNG

1.1 Ausgangslage

»Lesen ist eine der wichtigsten traditionellen Kulturtechniken und war die wesentliche Voraussetzung für die kulturelle Entwicklung des Menschen und die Formierung von Gesellschaften.«[1] – mit dieser Aussage beginnt das von Ursula Rautenberg und Ute Schneider herausgegebene *Lesen. Ein interdisziplinäres Handbuch.*[2] Das Zitat zeigt die Bedeutung dieser, heutzutage oft selbstverständlich gewordenen, Fähigkeit auf. Lesen ist nicht nur eine der wichtigsten Kulturtechniken und eine Kernkompetenz des modernen Menschen, sondern auch eine Grundvoraussetzung, um an Bildung teilhaben zu können. In der heutigen schriftbasierten Gesellschaft und mit dem sich wandelnden Kommunikationsverhalten ist Lesen außerdem für soziale Integration und Interaktion verantwortlich.[3] Das wird vor allem daran deutlich, dass Jugendliche zunehmend in Textform kommunizieren und damit eventuell sogar mehr denn je lesen.[4] Seit den ersten Zeugnissen einer Schrift der frühen Hochkulturen der Antike in Ägypten und Mesopotamien[5] entwickelte sich diese kontinuierlich weiter. Im letzten Viertel des 4. Jahrtausends v. Chr.

1 Lesen. Ein interdisziplinäres Handbuch. Hrsg. von Ursula Rautenberg und Ute Schneider. Berlin, Boston: De Gruyter 2015, S. VII.

2 Lesen. Ein interdisziplinäres Handbuch.

3 Vgl. ebd., S. VII.

4 Vgl. Zukunft des Lesens. Was bedeutet Generationswechsel, demografischer und technischer Wandel für das Lesen und den Lesebegriff. Ergebnisse einer Tagung der Stiftung Lesen. Hrsg. von Jörg F. Maas und Simone Ehmig. Mainz: Stiftung Lesen 2013, S. 11.

5 Vgl. Hartmann, Benjamin: Antike und Spätantike. In: Lesen. Ein interdisziplinäres Handbuch. Hrsg. von Ursula Rautenberg und Ute Schneider. Berlin, Boston: De Gruyter 2015, S. 623–716, hier S. 705 f.

entstand die Geschichte des Lesers[6] und des Lesens.[7] Dabei verändern noch immer zahlreiche Faktoren das Leseverhalten.

Die traditionsreiche Kulturtechnik sieht sich aktuell zwei extremen Veränderungen ausgesetzt, die diese nachhaltig beeinflussen könnten: die digitale Revolution, die sich nicht nur auf (traditionelle) Medien an sich, sondern auch auf das Mediennutzungsverhalten auswirkt[8] und die kontinuierliche Beschleunigung aller Lebensbereiche. Ein erster daraus resultierender und neu entstehender Lesetrend ist das Slow Reading, das in dieser Publikation vorgestellt wird.

Seit Anbeginn der Moderne beschleunigt sich das Lebenstempo der betroffenen Generationen unaufhaltsam und wirkt sich u. a. maßgeblich auf das Mediennutzungsverhalten und auf die Lesekultur aus.[9] Ob am Arbeitsplatz, im Privaten oder bei Freizeitbeschäftigungen – der Mensch versucht immer mehr Erledigungen in immer weniger Zeit unterzubringen[10] und die digitale Revolution ist ein Faktor, der dieser Entwicklung Aufschwung verleihen konnte.[11] Während das Leben immer schneller wird, entwickeln sich neben gegnerischen Entschleunigungsdiskursen auch befürwortende Subkulturen.[12] Um die als zeitintensiv und langsam empfundene Tätigkeit des Lesens effektiver zu gestalten und zu beschleunigen, wachsen Angebote an Speed Reading-Kursen[13] und an Plattformen, die wichtige Werke der Literaturgeschichte oder Sachbücher in knappe Sektionen einteilen.[14] Durch den Medienumbruch um die Jahrtausendwende, durch das veränderte Mediennutzungsverhalten als Folge der digitalen Revolution[15] und durch die steigende

6 Anmerkung: In der vorliegenden Arbeit wird aus stilistischen Gründen nur die männliche Form verwendet. Die weibliche Form wird zu jeder Zeit mit eingeschlossen.

7 Vgl. Luz, Christine: Die Buchrolle und weitere Lesemedien in der Antike. In: Lesen. Ein interdisziplinäres Handbuch. Hrsg. von Ursula Rautenberg und Ute Schneider. Berlin, Boston: De Gruyter 2015, S. 259–277, hier S. 259.

8 Vgl. Graf, Werner: Leseverstehen komplexer Texte. In: Lesen. Ein interdisziplinäres Handbuch. Hrsg. von Ursula Rautenberg und Ute Schneider. Berlin, Boston: De Gruyter 2015, S. 185–205, hier S. 202.

9 Vgl. Rosa, Hartmut: Beschleunigung. Die Veränderung der Zeitstrukturen in der Moderne (suhrkamp taschenbuch wissenschaft 1760). Frankfurt am Main: Suhrkamp 2014, S. 71.

10 Vgl. Honoré, Carl: In Praise of Slowness. Challenging the Cult of Speed. New York: HarperOne 2005, S. 3–13.

11 Vgl. Rosa: Beschleunigung, S. 83–85.

12 Vgl. ebd., S. 80–82.

13 Vgl. Groll, Tina: Ein Buch in einer Stunde. In: Zeit Online vom 28. Juni 2012. URL: http://www.zeit.de/karriere/beruf/2012-06/schnell-lesen-selbsttest [19.05.2016].

14 Vgl. Blinkist. Webseite. URL: https://www.blinkist.com/de/ [19.05.2016].

15 Vgl. Mediengeschichte. 5. vollst. überarb. und erweiterte Ausgabe. Hrsg. von Werner Faulstich. München: Wilhelm Fink Verlag 2004, S. 32.

Beschleunigung des Lebens, könnte die Tätigkeit des Lesens neue Formen annehmen. Wie schon in der Vergangenheit, könnte es zu einer Leserevolution kommen, die neue Arten des Lesens sowie neue Arten von Lesern hervorbringt. Slow Reading ist ein Lesetrend, der auf beide Entwicklungen reagiert.[16] Es ist eine Leseart, die das bewusste, gegebenenfalls langsame und intensive Lesen von (vor allem literarischen) Texten zum Ziel hat.[17] Dadurch sollen die Leser den Text besser verstehen,[18] eine höhere Begeisterung bei der Rezeption der Lektüre empfinden[19] und eine langanhaltende und intensive Beziehung mit dem Text und dem Autor aufbauen.[20]

1.2 Zielsetzung

Ziel dieser Untersuchung ist es, die Herkunft und das Entstehen von Slow Reading anhand der sozialwissenschaftlichen Erkenntnisse bezüglich des veränderten Zeitempfindens und des wachsenden Lebenstempos aufzuzeigen. Zudem wird der Lesetrend anhand der zahlreichen Ursprünge im vergangenen Umgang mit Literatur in historischen und literaturwissenschaftlichen Kontexten abgeleitet und anschließend umfassend vorgestellt.

Für die Analyse dieses aktuellen Lesetrends muss zunächst das veränderte Zeitempfinden der Moderne untersucht werden. Dabei liegt ein Schwerpunkt auf der veränderten Zeitwahrnehmung durch die Erfindung der mechanischen Uhr im späten Mittelalter und auf der darauffolgenden Beschleunigung des Lebenstempos durch die beiden Beschleunigungswellen während der industriellen und der digitalen Revolution. Der zweite Schwerpunkt liegt auf der gesellschaftskritischen Haltung gegenüber den allgemeinen Beschleunigungstendenzen, in Form des Slow Movements. Der »Ruf nach dezidierter oder radikaler Entschleunigung [...] [trat] bisher in der Geschichte der Neuzeit stets als Begleiterscheinung von Beschleunigungswellen [auf]«[21] und definiert das Slow Movement, den Vorgänger Slow Food und Slow Reading als eine Konsequenz und Gegenbewegung der letzten Beschleunigungswellen. Das Slow Movement und vor allem Slow Food (welches unter anderem dem schnellen Leben, Fast Food, schlechter Tierhaltung

16 Vgl. Mikics, David: Slow Reading in a Hurried Age. Cambridge, London: Harvard University Press 2013, S. 7–30.

17 Vgl. Miedema, John: Slow Reading. Duluth: Litwin Books, LLC 2009, S. 1.

18 Vgl. ebd., S. 7.

19 Vgl. ebd.

20 Vgl. ebd., S. 1.

21 Rosa: Beschleunigung, S. 146.

und dem Verkommen traditioneller und lokaler Esskultur seit den 1980er Jahren den Kampf ansagt[22]) geben die Struktur der Tochterbewegung Slow Reading vor und werden als Ursprung vorgestellt. Neben dem Slow Movement gibt es weitere Vorreiter des Slow Readings: Schon in den Lesepraktiken der Antike und besonders während des Hellenismus lassen sich Ansätze finden,[23] welche sich spätestens seit dem Medienumbruch von der Buchrolle zum Codex häufen.[24] Im religiösen Umgang mit christlichen Texten und der Bibel finden sich ebenfalls viele Ansätze, die noch heute gelehrt und im Slow Reading aufgegriffen werden.[25] Das mittelalterliche meditative Lesen in Klöstern[26] ist dabei nur ein weiteres Beispiel und besonders während des Pietismus' erfolgte ein Umdenken gegenüber Literatur[27], dessen Ideale im Slow Reading wiederzufinden sind. Aktuellere Ursprünge finden sich vor allem in der Literaturwissenschaft. In der Theorie des New Criticism wird mit Close Reading, einem intensiven und sehr langsamen Lesen gearbeitet und auch die werkimmanente Interpretation bezieht sich beim Erschließen von Literatur nur auf die intensive Lektüre des Werkes und vermittelt dadurch ähnliche Methoden und Ansätze wie Slow Reading.[28] Diese unterschiedlichen Ansätze und Vorreiter des Slow Readings werden in den Kapiteln 4 und 5 vorgestellt und untersucht, bevor ab Abschnitt 5.2 der neue Lesetrend genauer erläutert wird.

1.3 Forschungsbericht und Quellenlage

In diesem Werk werden unter anderem aktuelle gesellschaftliche Trends untersucht und mit einem neuen Lesetrend in Beziehung gesetzt. Dessen Entstehung ist eng mit dem sich wandelnden Zeitempfinden verbunden und ist somit nicht ohne gesellschaftliche Analysen zu betrachten. Das sich wandelnde Zeitempfinden und die damit einhergehende Gesellschaftsanalyse, die in Kapitel 2 beschrieben werden, basieren auf sozialwissenschaftlichen Erkenntnissen. Die Einordnung des sich wandelnden Leseverhaltens

22 Vgl. Slow Food. Webseite. About us. URL: http://www.slowfood.com/about-us/ [19.05.2016].

23 Vgl. Hartmann: Antike und Spätantike, S. 708–711.

24 Vgl. ebd., S. 714–716.

25 Vgl. Newkirk, Thomas: The Art of Slow Reading. Portsmouth: Heinemann 2012, S. 186–191. und vgl. Miedema: Slow Reading, S. 8 f.

26 Vgl. Griese, Sabine/Henkel, Nikolaus: Mittelalter. In: Lesen. Ein interdisziplinäres Handbuch. Hrsg. von Ursula Rautenberg und Ute Schneider. Berlin, Boston: De Gruyter 2015, S. 719–738, hier S. 724.

27 Vgl. Schneider, Ute: Frühe Neuzeit. In: Lesen. Ein interdisziplinäres Handbuch. Hrsg. von Ursula Rautenberg und Ute Schneider. Berlin, Boston: De Gruyter 2015, S. 739–763, hier S. 746–748.

28 Vgl. Miedema: Slow Reading, S. 10–12.

in Kapitel 3 erfolgt mit Hilfe buchwissenschaftlicher Forschungsliteratur, verschiedener Quellen aus dem Feuilleton und einiger Studien, die sich mit dem Mediennutzungsverhalten im Allgemeinen sowie mit dem aktuellen Leseverhalten auseinandersetzen. Das Kapitel über Slow Reading konnte mit Hilfe von literaturwissenschaftlichen sowie buchwissenschaftlichen Werken und mit Forschungsliteratur und Quellen, die sich inhaltlich mit dem Lesetrend auseinandersetzen, erarbeitet werden. Daher basiert die vorliegende Arbeit auf einem interdisziplinären Ansatz.

Hartmut Rosas sozialwissenschaftliches Werk *Beschleunigung*[29] bietet für den gesamten Zeitraum der Moderne wissenschaftliche Erkenntnisse über das jeweilige Zeitempfinden und die Veränderung der Zeitstrukturen. Deswegen wird es für alle Abschnitte des zweiten Kapitels zu Rate gezogen und bildet die Grundlage der Argumentation. Dieser erste sozialwissenschaftliche Teil wird durch Carl Honorés *In Praise of Slowness*[30] um subjektive Empfindungen und Beobachtungen des aktuellen Zeitempfindens ergänzt und dient somit als wichtige zeitgenössische Quelle. Das Slow Movement und Slow Food können vor allem durch Quellen wie Webseiten[31] und mit Hilfe von selbstdarstellenden Publikationen vorgestellt werden. Die Informationen wurden dementsprechend kritisch untersucht und für die Arbeit sinnvoll verwendet. Primärquelle für die Darstellung des Slow Movements ist Carl Honorés *In Praise of Slowness*[32] und für die des Slow Foods Carlo Petrinis *Slow Food.*[33]

Das Hauptkapitel »Slow Reading« beschreibt und untersucht den Lesetrend, indem es zunächst die Ursprünge vorstellt und die verschiedenen Eigenschaften und Besonderheiten von Slow Reading erläutert und praktische Umsetzungen als Beispiele aufzählt. Das Thema wurde vor allem anhand der wenigen Publikationen vorgestellt, die sich mit dem Thema wissenschaftlich auseinandersetzen. John Miedemas bereits erwähntes *Slow Reading*[34] ist die erste wissenschaftliche Literatur zu dem Lesetrend. 2012 folgte *The Art of Slow Reading*[35] von Thomas Newkirk, 2013 veröffentlichte David Mikics *Slow*

29 Rosa: Beschleunigung.

30 Honoré: In Praise of Slowness.

31 Vgl. Slow Food. Webseite. www.slowfood.com und URL: http://www.slowfood.de/ [19.05.2016].

32 Honoré: In Praise of Slowness.

33 Petrini, Carlo: Slow Food. Geniessen mit Verstand. Zürich: Rotpunktverlag 2003.

34 Miedema: Slow Reading.

35 Newkirk: The Art of Slow Reading.

Reading in a Hurried Age[36] und die aktuellste Forschungsliteratur ist 2014 mit *The Slow Book Revolution*[37] von Megan Lacy herausgegeben worden. Diese vier Publikationen bilden die Grundlage für die erarbeitete Definition von Slow Reading. Primärquellen zur Darstellung der Slow Reading Clubs und Silent Reading Partys sind verschiedene Artikel über den Trend sowie Internetauftritte und Facebook-Seiten der einzelnen Clubs und Partys.

Generell ist die Forschungslage bezüglich Slow Reading jedoch noch sehr durchwachsen. Obwohl sich bereits vier Publikationen mit dem relativ neuen Lesetrend beschäftigen, bietet nur Miedemas *Slow Reading* einen kurzen Überblick über die Ursprünge, Einflüsse und über die aktuellen Entwicklungen, die zum Slow Reading beitragen konnten. Mikics' und Newkirks Werke beschäftigen sich vor allem mit der Definition und mit Anleitungen zur Verbesserung der eigenen Lesetechnik, während Lacy die Möglichkeiten und Aufgaben von Bibliotheken in Hinblick auf den neuen Lesetrend untersucht und aufzeigt. Es handelt sich jedoch ausschließlich um englischsprachige Literatur, was den mangelhaften Forschungsstand in Deutschland verdeutlicht. Verschiedene Chancen, die Slow Reading dem Buchmarkt ermöglichen könnte, werden zwar von Miedema und Newkirk angesprochen, es fehlen aber jegliche wirtschaftliche Aspekte und so handelt es sich ausschließlich um Theorien und Vorschläge, die in der Praxis bisher keine Umsetzung gefunden haben. Auch soziokulturelle Gesichtspunkte können in dieser Arbeit aufgrund von mangelnder Forschungsliteratur und Quellen nicht beachtet werden. Die Darstellung der sozialen Schichten, die von Slow Reading tatsächlich angesprochen werden, wäre wünschenswert. Einige weitere Anschlussfragen, die für eine zukünftige Auseinandersetzung mit dem Thema Slow Reading von Interesse sind und auf die Ergebnisse dieser Publikation aufbauen können, werden im Fazit gestellt.

Generell scheint der Lesetrend noch nicht richtig im deutschen Mainstream angekommen zu sein und nur die steigende Anzahl von Slow Reading Clubs in Deutschland seit Beginn des Jahres 2016 und einige wenige Feuilletonartikel von 2015 weisen darauf hin, dass das Interesse an Slow Reading durchaus wächst. Diese Arbeit leistet einen wichtigen Beitrag zur deutschen wissenschaftlichen Untersuchung von Slow Reading und bietet eine umfassende Bestandsaufnahme, die in dieser Form auch noch nicht in der englischsprachigen Forschungsliteratur vorhanden ist.

36 Mikics: Slow Reading in a Hurried Age.

37 The Slow Book Revolution. Creating a New Culture of Reading on College Campuses and Beyond. Hrsg. von Megan Lacy. Santa Barbara u. a.: Libraries Unlimited 2014.

2 DIE MODERNE – DAS ZEITALTER DER BESCHLEUNIGUNG

2.1 Die Erfindung der mechanischen Uhr

Viele bekannte Schriftsteller schrieben über das Zeitempfinden ihrer Generation und ermöglichten dadurch einen Einblick in den Wandel und die Entwicklungen dieses Themas. Ob Paulus, Geoffrey Chaucer, Laurence Sterne, Jonathan Swift, Johann Wolfgang Goethe, Charles Baudelaire, Friedrich Nietzsche, Virginia Woolf, Marcel Proust oder Thomas Mann – sie alle empfanden ihre Zeit im Gegensatz zu jener der früheren Generationen, als schnellebiger und beschrieben in ihren Werken oftmals einen wachsenden Zeitdruck und die Beschleunigung des Lebens:[38]

> *Das Gefühl, das je eigene Zeitalter sei gleichsam ›aus den Fugen geraten‹ sodass der kritische Blick des Beobachters an seiner Epoche nahezu unweigerlich die Symptome einer ›Krisenzeit‹ konstatiert, ist ganz gewiss nicht neu, sondern erscheint geradezu als konstitutiv für alle Versuche der Positions- oder Epochenbestimmung in der Kulturgeschichte.*[39]

Das Bedürfnis nach einer Zeiteinteilung ist ebenfalls eine sehr alte Empfindung. Menschen suchten schon immer nach Möglichkeiten, Zeit zu messen und zählbar zu machen. Archäologische Funde beweisen, dass schon die ältesten Zivilisationen wie die Ägypter, Mayas, Babylonier, Chinesen und Azteken eigene Kalender entwickelten, um – deren Systemen folgend – Nahrungsmittel anzubauen, zu ernten und somit ihr Überleben zu sichern. Das Zählen von Mondphasen war ebenfalls eine bewährte Methode vieler

38 Vgl. Rosa: Beschleunigung, S. 77–79.
39 Ebd., S. 39.

Kulturen. Nach dem groben Einteilen in Mondphasen oder in Jahre lernte die Menschheit die Zeit in Monate und später in Tage einzuteilen. Die Einheiten wurden demnach immer kleiner.[40] Vor der Erfindung der mechanischen Uhr war das ganze Leben und insbesondere der Tagesablauf »dictated by what sociologists call Natural Time.«[41] Erste Hilfsmittel zum Messen der verstrichenen Zeit, abgesehen vom Sonnenauf- und Sonnenuntergang, waren Sanduhren oder Kerzen und erst die Verbreitung der mechanischen Uhr im Laufe des 14. Jahrhunderts revolutionierte das Zeitsystem.[42] Als Folge veränderten sich das Wahrnehmen und Verstehen von Zeit in Westeuropa in besonderem Maße, denn »Clock Time was gaining the upper hand over Natural Time.«[43] Diese Entwicklung erstreckte sich vom 14. bis zur Mitte des 17. Jahrhunderts.[44] In Köln wurde beispielsweise 1370 eine öffentliche Uhr aufgestellt.[45] Es dauerte nur vier Jahre bis die neue, akkuratere Zeitzählung erste Früchte trug und das Leben der Einwohner veränderte: »In 1374, Cologne passed a statue that fixed the start and end of the workday for labourers, and limited their lunch break to ›one hour and no longer‹.«[46] Es folgten Ausgangssperren für Besucher und später für die Bewohner.[47]

> *In the space of one generation, the people of Cologne went from never knowing for sure what time it was to allowing a clock to dictate when they worked, how long they took for lunch and when they went home every night.*[48]

Ab dem 14. Jahrhundert verbreiteten sich mechanische Uhren weitgehend auf öffentlichen Plätzen in großen Städten und in Kirchen. Sonnenuhren wurden zusätzlich noch bis ins 19. Jahrhundert genutzt. Oftmals wurden mit ihnen die mechanischen Uhren gestellt,[49] denn deren Genauigkeit konnte erst mit der Erfindung des Pendels im Jahr 1658 verbessert werden. Infolgedessen

40 Vgl. Honoré: In Praise of Slowness, S. 20 f.
41 Ebd., S. 22.
42 Vgl. ebd., S. 21.
43 Ebd., S. 22.
44 Vgl. Thompson, E. P.: Time, Work-Discipline, and Industrial Capitalism. In: Past and Present (No. 38). Oxford: Oxford University Press 1967, S. 55–97, URL: http://www.jstor.org/stable/649749?seq=1#page_scan_tab_contents [29.02.2016], S. 56.
45 Vgl. Honoré: In Praise of Slowness, S. 22.
46 Ebd.
47 Vgl. ebd.
48 Ebd.
49 Vgl. Thompson, E. P.: Time, Work-Discipline, and Industrial Capitalism, S. 63.

verbreiteten sich seitdem die sogenannten Großvateruhren mit dem ersten Minutenzeiger und schließlich folgten Taschenuhren.[50] Ende des 18. Jahrhunderts wurden Uhren immer preiswerter und somit für die gemeine Bevölkerung zugänglich. Damit fällt diese großflächige Verbreitungswelle genau in die Zeit, in der die aufkommende Industrialisierung eine genauere zeitliche Koordination und vor allem eine Synchronisation von Arbeitszeit und Arbeitsschritten mit sich brachte.[51] Zusätzlich erforderten neue Fortbewegungsmittel wie die Eisenbahn eine nationale Standardisierung der Zeit und einen festen Fahrplan, nach dem sich die Mitfahrenden richten mussten.[52] Umgekehrt wurde mit der Erfindung der mechanischen Uhr und deren Verbreitung, der Weg für die Industrialisierung geebnet:

> *None of the new technology could be fully harnessed, however, without accurate timekeeping. The clock is the operating system of modern capitalism, the thing that makes everything else possible […]. Lewis Mumford, the eminent social critic, identified the clock as ›the key machine‹ of the Industrial Revolution.*[53]

Die drastische Zeitveränderung kündigte sich schon seit dem Ende der Renaissance an und markierte den Beginn der Moderne.[54] Dieser einschneidende Zeitpunkt wird von einigen Historikern auch als Sattelzeit bezeichnet.[55]

> *Seit etwa 1750 […] erscheinen in sich rasch steigerndem Maße – oft im Zustand der Fassungslosigkeit vorgetragene – Berichte über die Wahrnehmung einer ungeheuren* Beschleunigung *der Zeit und der Geschichte.*[56]

Somit ist die Beschleunigung schon zu Beginn der Moderne ein Teil der Kultur, auch wenn sich ihre Auswirkungen nicht gleich bemerkbar machten.[57]

50 Vgl. ebd., S. 64.
51 Vgl. ebd., S. 69.
52 Vgl. Rosa: Beschleunigung, S. 163.
53 Honoré: In Praise of Slowness, S. 25.
54 Vgl. Rosa: Beschleunigung, S. 71.
55 Vgl. ebd., S. 39.
56 Ebd. Anmerkung: Hervorhebung im Original.
57 Vgl. ebd., S. 86.

»Die für die Moderne in allen ihren Phasen charakteristische Grunderfahrung, ›alles werde immer schneller‹, alles sei beständig im Fluss [...]«[58] führt zu einer Beschleunigungserfahrung, die noch bis in die aktuelle Gegenwart bestimmend bleibt.[59]

Für die Darstellung des Zeitempfindens vor und während der industriellen Revolution wurde vor allem E. P. Thompsons Aufsatz *Time, Work-Discipline, and Industrial Capitalism*[60] von 1967 verwendet. Auch Carl Honorés *In Praise of Slowness* und Rosas *Beschleunigung* liefern wichtige Hintergrundinformationen für die folgenden Kapitel.

2.2 Die Industrialisierung als Motor der Beschleunigung

Die Verbreitung der Dampfmaschine in Fabriken und der Eisenbahn als Fortbewegungsmittel verstärkte dieses Gefühl der Beschleunigung noch zusätzlich. Während der industriellen Revolution entstanden viele technische Veränderungen, durch die das Lebenstempo deutlich erhöht wurde und sich nicht nur die Lebenswelt, sondern auch die Alltagskultur in großem Ausmaß veränderte.[61]

> *As the clock tightened its grip and technology made it possible to do everything more quickly, hurry and haste seeped into every corner of life. People were expected to think faster, work faster, talk faster, read faster, write faster, eat faster, move faster.*[62]

Zeit wurde zu einer Währung und zu einem kostbaren Gut, das man nicht verschwenden durfte. Rastlosigkeit und das Bedürfnis, jede Sekunde sinnvoll ausnutzen zu müssen, sorgten für ein gehetztes Miteinander. Die Gewissheit über die Sterblichkeit des Menschen verschlimmerte das Gefühl, zu wenig Zeit zu haben.[63] Der weit verbreitete protestantische Glaube schürte ebenfalls die Verpflichtung, »Zeitverschwendung und Müßiggang systematisch auszuschalten«[64] und anschließend Rechenschaft über die verbrachte Zeit abzuliefern.[65]

58 Rosa: Beschleunigung, S. 40.
59 Vgl. ebd.
60 Thompson: Time, Work-Discipline, and Industrial Capitalism.
61 Vgl. ebd., S. 79.
62 Honoré: In Praise of Slowness, S. 27.
63 Vgl. ebd., S. 29.
64 Rosa: Beschleunigung, S. 93.
65 Vgl. ebd.

Neue Arbeitsweisen in größer werdenden Firmen benötigten zusätzlich die Synchronisierung der Arbeit, es wurden demnach gleiche und genauere Anfangs- und Endzeiten der Arbeiter eingefordert.[66] Das Leben der Menschen richtete sich immer stärker nach der Uhrzeit. Arbeitstage wurden nicht unbedingt nur länger, sie wurden vor allem genauer definiert, Pausen wurden gekürzt und die Arbeit an mancher Stelle strenger überwacht. Schon in Schulen wurde eine neue Disziplin gegenüber Pünktlich- und Genauigkeit vermittelt: »Once within the school gates, the child entered the new universe of disciplined time.«[67] Der zu Beginn aufkommende Widerstand hielt nicht lange an und obwohl der Arbeitstag zum Ende des 18. Jahrhunderts zehn Stunden zählte und Pausen weiter gekürzt wurden, passten sich die Menschen weiter an:[68]

> *The first generation of factory workers were taught by their masters the importance of time; the second generation formed their short-time committees in the ten-hour movement; the third generation struck for overtime or time-and-a-half. They had accepted the categories of their employers and learned to fight back within them. They had learned their lesson, that time is money, only too well.*[69]

Arbeiter wurden nicht mehr nach der Anzahl der gefertigten Produkte, sondern nach Stunden bezahlt.[70] Das 1748 von Benjamin Franklin geborene Sprichwort *Time is money* beeinflusst bis heute unser Verständnis von Zeit und deren Wert.[71] Die Menschen mussten sich jedoch nicht nur während der Arbeit an das neue Zeitverständnis anpassen, sondern in allen Lebenslagen. Nicht nur die Industrialisierung, zahlreiche Erfindungen und der technische Fortschritt des 19. Jahrhunderts, sondern auch die damit verbundene Urbanisierung beschleunigten das Lebenstempo.[72]

In London eröffnete 1863 die erste U-Bahn, in Berlin folgte 1879 die erste Straßenbahn, 1900 wurde die erste Rolltreppe installiert und 1913 rollte das

66 Vgl. Thompson: Time, Work-Discipline, and Industrial Capitalism, S. 70.
67 Ebd., S. 84.
68 Vgl. ebd., S. 85.
69 Ebd., S. 86.
70 Vgl. Honoré: In Praise of Slowness, S. 24.
71 Vgl. ebd.
72 Vgl. ebd., S. 23–25.

beliebte Auto *Ford Modell T* vom weltweit ersten Fließband.[73] Als Folge dieser Steigerung der Transportgeschwindigkeit beschleunigte sich auch die Informationsübermittlung. Auf die Transportrevolution folgte die Transmissionsrevolution, welche in der Erfindung des Telegraphen 1837 ihren Anfang fand.[74] Die Erfindung des Telefons im 19. Jahrhundert ermöglichte eine noch schnellere Kommunikation; 1866 wurde das erste transatlantische Kabel verlegt, kurze Zeit später gab es das erste kabellose Radio.[75]

> *Alle diese Formen technologischer Beschleunigung von Transport, Kommunikation und Produktion veränderten die Lebenswelt und die Alltagskultur auf mitunter schockartige und traumatische Weise und führten zu einer sich veränderten Empfindung des* In-der-Zeit- *und* In-der-Welt-Seins *[...].*[76]

Während der Industrialisierung wurde die Fortbewegung von Menschen, Gütern und von Informationen beschleunigt; auch die Herstellung von Produkten, die Umwandlung von Energien und Stoffen und die Beschleunigung von Dienstleistungen gehören zu den einschlägig veränderten Lebensbereichen.[77] Als Folge kam es in den Jahrzehnten vor und nach 1900 zu einer ersten[78] »Geschwindigkeitsrevolution in nahezu allen Lebenssphären.«[79] Es handelte sich »in erster Linie auch [um] eine Revolution der Produktionsgeschwindigkeiten, die sich in der ›digitalen Revolution‹ am Übergang zum 21. Jahrhundert fortsetzt.«[80]

2.3 Die digitale Revolution und das heutige Zeitempfinden

Das heutige Zeitempfinden ist in direkter Folge von dem Beschleunigungsdiskurs des Überganges vom 20. zum 21. Jahrhundert beeinflusst.[81] Dieser Beschleunigungsschub »entwickelt seine ökonomischen, informationstechnologischen und kulturellen Triebkräfte spätestens seit den 1970er-Jahren«[82] und gewann seine Durchschlagskraft 1989, als drei historische Entwicklungen aufeinandertrafen:

73 Vgl. Honoré: In Praise of Slowness, S. 25.
74 Vgl. Rosa: Beschleunigung, S. 125 f.
75 Vgl. Honoré: In Praise of Slowness, S. 25.
76 Rosa: Beschleunigung, S. 79. Anmerkung: Hervorhebung im Original.
77 Vgl. ebd., S. 127.
78 Vgl. ebd., S. 82.
79 Ebd.
80 Rosa: Beschleunigung, S. 127.
81 Vgl. ebd., S. 40.
82 Ebd., S. 335.

> *Sowohl die* politische Revolution *jenes Jahres – der Zusammenbruch der DDR und des Sowjetregimes und die politische und ökonomische Öffnung der osteuropäischen Staaten – als auch die insbesondere durch die Etablierung des Internet [...] forcierte* digitale Revolution *[...] und schließlich die* ökonomische Revolution *[...] lassen sich im Kern als* Beschleunigungsbewegungen *verstehen.*[83]

Das heutige Leben und Zeitempfinden ist davon beeinflusst und folglich einem noch nicht abgeschlossenen Wandel unterzogen. Die digitale Revolution veränderte verschiedene Kommunikationstechnologien und ermöglichte eine verstärkte globale Vernetzung. Besonders die Veränderung der Informationsübermittlung »hat einen gewaltigen Beschleunigungssog auf nahezu alle Bereiche des Wirtschafts- und Alltagslebens ausgeübt und damit den Eindruck erweckt, wir seien Zeugen einer neuen qualitativen Geschwindigkeitsrevolution [...].«[84] Diese Beschleunigung »von Prozessen und Ereignissen ist ein Grundprinzip der modernen Gesellschaft.«[85] Als Folge treten verschiedene widersprüchlich erscheinende Konsequenzen auf. Genau wie die in den vorangestellten Kapiteln beschriebenen Generationen fühlen sich auch die Menschen der heutigen Zeit einem hohen und konstant wachsenden Zeitdruck ausgesetzt, müssen alles immer schneller erledigen, haben immer weniger Freizeit und erkranken in erhöhtem Ausmaß an Folgekrankheiten von Stress, Überlastung und dem steigenden Lebenstempo.[86] Die Betroffenen empfinden alles als immer schneller und, wie schon zuvor zur Zeit der industriellen Revolution, muss jede Minute des Tages sinnvoll genutzt werden. Carl Honoré beschreibt in seinem Buch *In Praise of Slowness*, dass er nicht mehr in der Lage sei, nichts zu tun.[87] Er schreibt weiter: »My whole life has turned into an exercise in hurry, in packing more and more into every hour. I am Scrooge with a stopwatch, obsessed with saving every last scrap of time, a minute here, a few seconds there.«[88]

83 Ebd., S. 335 f. Anmerkungen: Hervorhebungen im Original.
84 Ebd., S. 336.
85 Ebd., S. 15.
86 Vgl. ebd., S. 42 f.
87 Vgl. Honoré: In Praise of Slowness, S. 2.
88 Honoré: In Praise of Slowness, S. 3.

Hartmut Rosa beschreibt die heutige Gesellschaft ähnlich, wenn er sagt, es sei ein sich verschärfender Zeitnotstand, ja sogar eine Zeitkrise in der westlichen Gesellschaft aufgetreten.[89] Das Empfinden der stetigen und in allen Lebensbereichen stattfindenden Beschleunigung muss jedoch differenziert betrachtet werden, denn nur allzu schnell wird von einer generellen Beschleunigung gesprochen, was nicht annähernd der Komplexität des aktuellen Zeitempfindens gerecht wird. Seit dem erneuten Bruch zu Beginn des 21. Jahrhunderts beschleunigen sich zwar viele Aspekte des Lebens, aber nicht alle;[90] die Menschen sehen sich insbesondere drei Arten von Beschleunigung ausgesetzt:

> *Sie haben es zum Ersten mit* technischer Beschleunigung *zu tun, die sich […] abstraktlogisch betrachtet* entschleunigend *auf das Tempo des Lebens auswirken sollte. Tatsächlich stellt aber die* Beschleunigung des Lebenstempos *eine zweite, angesichts der technischen Beschleunigung paradoxe Form sozialer Akzeleration dar, die […] möglicherweise mit einer dritten, analytisch unabhängigen Erscheinungsweise sozialer Beschleunigung zusammenhängt:* mit der Beschleunigung der sozialen und kulturellen Veränderungsraten.[91]

Die offensichtlichste Art der Beschleunigung ist die **technische Beschleunigung**. Damit ist die »intentionale, technische und vor allem technologische (d.h. maschinelle) Beschleunigung zielgerichteter Vorgänge«[92] gemeint. Durch die digitale Revolution veränderten und beschleunigten sich viele Prozesse der Kommunikation, Produktion und der Informationsübermittlung.[93] Paradox ist, dass durch die Beschleunigung vieler Prozesse und der Automatisierung vieler Arbeitsschritte auf den ersten Blick Arbeit und damit Zeit eingespart werden müsste. Zeit kann »in nahezu allen Alltagspraktiken durch den immer raffinierteren Einsatz moderner Technik und organisatorischer Planung in immer größeren Mengen eingespart«[94] werden und verliert dennoch nicht an Knappheit.[95] Obwohl schon die industrielle

89 Vgl. Rosa: Beschleunigung, S. 16.
90 Vgl. ebd., S. 55 f.
91 Ebd., S. 16. Anmerkung: Hervorhebungen im Original.
92 Ebd., S. 124.
93 Vgl. Rosa: Beschleunigung, S. 124–128.
94 Ebd., S. 43.
95 Vgl. ebd.

und anschließend die digitale Revolution zu Zeitersparnissen in jeglichen Lebensbereichen führten und immer noch führen, hat der Einzelne trotzdem weiterhin immer weniger Zeit zur Verfügung, sodass Stress und Hektik weiter ansteigen.[96] Dieser Widerspruch lässt sich jedoch leicht erklären: Es wird nicht nur schneller und effektiver produziert, sondern auch in größeren Mengen. Bei einer kleineren Produktionsmenge würde es Zeitersparnisse geben und als Konsequenz hätten die Beteiligten mehr Freizeit als vor der Beschleunigung.[97] Das Gegenteil ist jedoch der Fall: Die Zeitgewinne werden nicht als solche verwendet, sondern für weitere Produktionen genutzt; sie werden nicht in Freizeit, sondern in neue Arbeitszeit investiert.[98] Untersuchungen aus den 1960er- und 1970er-Jahren zeigen beispielsweise, »dass die im Haushalt verbrachte Zeit mit der Zahl der Haushaltsgeräte überraschender Weise tendenziell eher steigt als fällt.«[99] Die Wachstumsraten übersteigen die Beschleunigungsraten, wodurch sich das Lebenstempo erhöht.[100]

Die **Beschleunigung des Lebenstempos** ist die zweite relevante Beschleunigungsart. Sie steht in vielen populärwissenschaftlichen Diskursen über die Zeitwahrnehmung im Mittelpunkt, denn sie ist für die meisten Menschen am präsentesten und am einfachsten zu benennen. Wie zuvor beschrieben ist sie oftmals eine Reaktion auf die verschiedensten Entwicklungen und unter anderem auch auf die technische Beschleunigung. Dabei führt die Verknappung von Zeitressourcen zu einer Zeitnot und folglich zu einer Beschleunigung des Lebenstempos.[101] Diese beinhaltet objektiv »eine Verkürzung oder Verdichtung der Handlungsepisoden.«[102] Darunter fallen beispielsweise die Verkürzung der Schlafens- oder Essensdauer, der Kommunikationszeit mit Freunden und der Familie, der Zeit für Hobbys oder der Versuch, die Dauer von Veranstaltungen wie beispielsweise den Kinobesuch zu verringern.[103] Zur Ermöglichung dieser Zeitersparnisse gibt es drei Arten. Zum einen kann man die Handlungsgeschwindigkeit, mit der man einer Tätigkeit nachgeht, erhöhen:[104]

96 Vgl. ebd., S. 11.
97 Vgl. ebd., S. 117.
98 Vgl. ebd., S. 118.
99 Ebd., S. 120.
100 Vgl. ebd., S. 122.
101 Vgl. ebd., S. 135.
102 Ebd.
103 Vgl. ebd.
104 Vgl. Rosa: Beschleunigung., S. 135 f.

> *Many restaurants report that hurried diners increasingly pay the bill and order a taxi while eating dessert. Many fans leave sporting events early, no matter how close the score is, simply to steal a march on the traffic.*[105]

Zum anderen kann man auf Pausen und Leerzeiten verzichten, die Aktivitäten schneller hintereinander abarbeiten und so die Handlungsepisoden verdichten.[106] Die dritte Möglichkeit, Zeit zu sparen, ist Multitasking: Man erledigt simultan mehrere Dinge gleichzeitig, was zwar »zu einer Verringerung der Geschwindigkeit der Einzelaktivitäten führen kann, aber dennoch eine schnellere Erledigung der Handlungen in ihrer Gesamtheit ermöglicht.«[107] Daraus resultiert jedoch oftmals, dass die geteilte Aufmerksamkeit für eine schlechtere Qualität der einzelnen Handlungen sorgt, als es eventuell bei ungeteilter Aufmerksamkeit der Fall wäre.[108] Diese Maßnahmen führen dazu, dass sich das Lebenstempo des Einzelnen erhöht und sich auch weiterhin beschleunigen kann.

> *Da die Steigerung des Lebenstempos als Folge einer Verknappung von Zeitressourcen verstanden werden soll, […] schlägt sie sich […]* subjektiv *in einer Zunahme von Empfindungen der Zeitnot, des Zeitdrucks und des stressförmigen Beschleunigungszwangs sowie in der Angst, ›nicht mehr mitzukommen‹ nieder. Die Beschleunigung und Verdichtung von Handlungsepisoden stellt dann eine nahe liegende Reaktion auf diese Wahrnehmung dar. Die Verknappung von Zeitressourcen bildet dabei vermutlich […] auch die Hauptursache für das Gefühl, die Zeit selbst* vergehe rascher.[109]

Doch Beschleunigung ist nicht das einzige elementare Merkmal des heutigen Zeitempfindens. In vielen populistischen oder feuilletonistischen Auseinandersetzungen mit der Thematik der aktuellen Beschleunigung wird ein wichtiges und bezeichnendes Paradoxon unserer Zeit nicht aufgegriffen, »nämlich die sich ausbreitende Erfahrung beschleunigungsbegleitender

105 Honoré: In Praise of Slowness, S. 11.
106 Vgl. Rosa: Beschleunigung, S. 135 f.
107 Ebd., S. 136.
108 Vgl. Honoré: In Praise of Slowness, S. 11.
109 Rosa: Beschleunigung, S. 136. Anmerkung: Hervorhebungen im Original.

Erstarrungsprozesse.«[110] Diese lassen sich »in den kulturellen Zeugnissen und Selbstbeobachtungen gleichsam als ein sich mit dem Fortschreiten der Moderne verstärkender Subtext«[111] finden. Diese

> *entgegengesetzte soziale Selbstbeobachtung, die [...] gleichsam als ›Subtext‹ der Neuzeit von Anfang an ko-präsent, erst in der entwickelten Phase der Moderne, verstärkt gegen Ende des 20. Jahrhunderts, Raum greift und die Erfahrungswirklichkeit der breiten Masse der Zeitgenossen zu treffen scheint,*[112]

ist eine Kehrseite der allgemeinen Beschleunigungsempfindungen.[113] Damit entfaltete sich dieser Prozess erst richtig während der digitalen und politischen Revolution und ist somit für das aktuelle Zeitempfinden maßgeblich. Es handelt sich um die »Erfahrung der ›Kristallisation‹ der kulturellen und strukturellen Formation des eigenen Zeitalters.«[114] Diese wird als unbewegliches und hartes Gehäuse empfunden, in dem nichts mehr verändert werden kann, es nichts mehr Neues zu entdecken gibt, nichts Neues mehr passiert und alles Wesentliche schon besteht.[115] Es gibt nichts mehr zu verändern, »weil alle Möglichkeiten des Geistes und der Ideen als durchgespielt erscheinen, weshalb die Ausbreitung ereignisloser Langeweile droht.«[116] Diese Langeweile ist ein relativ neues Konzept, denn »Boredom – the word itself hardly existed 150 years ago – is a modern invention.«[117] Auch wenn die zuvor beschriebenen Beschleunigungsprozesse und dieser empfundene Stillstand konträr erscheinen, definieren sie gemeinsam das heutige Zeitgefühl. Mit Blick auf die Gegenwartsgesellschaft »zeichnet sich die aktuelle Epoche gerade durch das *Zuendegehen* aller Bewegung aus [...].«[118] Die soziale Beschleunigung und die gesellschaftliche Erstarrung verdeutlichen, dass Beschleunigungserfahrungen »immer wieder in ihr diametrales Gegenteil«[119] umschlagen und »der Zusammenhang von Beschleunigung und Moderni-

110 Ebd., S. 86. Anmerkung: Hervorhebung im Original.
111 Ebd.
112 Ebd., S. 40 f.
113 Vgl. ebd., S. 87.
114 Ebd., S. 41.
115 Vgl. ebd.
116 Ebd., S. 41.
117 Honoré: In Praise of Slowness, S. 11.
118 Rosa: Beschleunigung, S. 41. Anmerkung: Hervorhebung im Original.
119 Rosa: Beschleunigung, S. 42.

sierung ebenso tiefgreifend wie komplex ist und dass die Folgewirkungen der Temposteigerungen durchaus vielfältig und widersprüchlich sind.«[120] Doch diese gesellschaftliche Erstarrung ist nicht die einzige Entwicklung, die sich entgegen der Beschleunigung entfaltet. Es gibt weitere Kategorien der Beharrung, die das Leben verlangsamen. Rosa unterscheidet dabei zwischen nichtintendierter, dysfunktionaler und intentionaler Entschleunigung.[121] Mit **nichtintendierter Entschleunigung** sind unter anderem »(geo)physikalische, biologische und anthropologische Geschwindigkeitsgrenzen«[122] gemeint. Darunter fallen »Geschwindigkeitsgrenzen des Gehirns [...] und des Körpers [...], aber auch das Reproduktionstempo für natürliche Rohstoffe.«[123] Die **Verlangsamung als dysfunktionale Nebenfolge** beschreibt unbeabsichtigte negative Folgen von Akzelerationsprozessen, wie Verkehrsstau oder Depressionserkrankungen.[124] Die **intentionale Entschleunigung** wird ebenfalls in zwei Typen eingeteilt: Der erste Typ versucht durch gezielte Verlangsamung, beispielsweise durch Einkehraufenthalte in Klöstern oder durch Meditationskurse,[125] die »(individuelle und soziale) Funktions- und Akzelerationsfähigkeit aufrechtzuerhalten oder nicht zu befördern.«[126] Damit stellt diese Form eigentlich eine Strategie zur Beschleunigung dar: Man erholt sich und sucht Entspannung, um anschließend im Job oder Alltag wieder schneller sein zu können. Beim zweiten Typ handelt es sich um ideologische Entschleunigungsbewegungen, »die oftmals als Fundamentalopposition mit dezidiert antimodernen Zügen auftreten«[127] und zum bewussten Entschleunigen und einer sozialen Verlangsamung aufrufen.[128] Das Slow Movement ist eine solche ideologische Bewegung, die Auswege aus dem Teufelskreis aufzeigt und das steigende Lebenstempo zu verringern versucht. Es umfasst dabei als Überbegriff alle kleinen Organisationen, Vereine und Gruppen, die entweder das ganze Leben oder aber nur Teilbereiche bewusst entschleunigen wollen. In Kapitel 4 wird dies genau vorgestellt.

120 Ebd., S. 88.
121 Vgl. ebd., S. 138–153.
122 Ebd., S. 139.
123 Ebd.
124 Vgl. ebd., S. 144.
125 Vgl. ebd., S. 149.
126 Ebd., S. 146.
127 Ebd.
128 Vgl. ebd.

Diese beiden beschriebenen »so widerspruchsvoll erscheinenden Zeit-Diagnosen der sozialen Beschleunigung und der gesellschaftlichen Erstarrung«[129] sind dabei nur auf den ersten Blick konträr:[130]

> *In der einprägsamen Metapher des* rasenden Stillstands *[...] sind sie sinnfällig zusammengeführt zu einer Posthistoire-Diagnose, in der das* Rasen *der Ereignisgeschichte das* Stillstehen *der ideendynamischen und ›tiefenstrukturellen‹ Entwicklung nur dürftig zu überdecken vermag – und letztlich geradezu herbeiführt.*[131]

Die Folgen der Beschleunigung in der Moderne beziehen sich jedoch nicht ausschließlich auf die betroffenen Generationen von Menschen, sondern auch auf die Umwelt. Die technische Beschleunigung ermöglicht den schnelleren und effizienteren Abbau von Rohstoffen und anderen ökologischen Ressourcen, allerdings oftmals auf Kosten der Natur und Umwelt. Viele Umweltbedrohungen sind eine direkte Folge der Beschleunigung und der damit verbundenen Bedürfnisse einer schnelleren und wachsenden Bevölkerung.[132]

Die beschriebene Beschleunigung, die so definierend für die gesamte Moderne ist, wirkt sich auf alle Lebensbereiche aus und führt zu ganz unterschiedlichen Tendenzen in den verschiedenen Gebieten. Auch wenn der Beschleunigungsdruck von Erstarrungsprozessen begleitet wird, ist das vorherrschende Gefühl der betroffenen Generationen das der unaufhaltsamen und sich steigernden Beschleunigung. Die Anpassung an den wachsenden Druck und die dadurch entstehenden Probleme sind ein wichtiges Thema, das nicht nur von den sich vermehrenden Gegenbewegungen aufgegriffen wird. Immer mehr Medien, Organisationen und Wissenschaftler beschäftigen sich mit den Folgen und diskutieren die mögliche Zukunft. Carl Honoré ist einer der wichtigsten Akteure des Slow Movements. Er warnt ganz deutlich vor der Zukunft, die droht, sollten die Beschleunigungstendenzen nicht aufgehalten werden können:

129 Ebd., S. 41.
130 Vgl. ebd.
131 Ebd. Anmerkung: Hervorhebungen im Original.
132 Vgl. Honoré: In Praise of Slowness, S. 5.

> *If we carry on at this rate, the cult of speed can only get worse. When everyone takes the fast option, the advantage of going fast vanishes, forcing us to go faster still. Eventually, what we are left with is an arms race based on speed, and we all know where arms races end up: in the grim stalemate of Mutually Assured Destruction.*[133]

Die empfundene Geschwindigkeit wirkt sich auf jegliche Lebensbereiche aus, besonders auf die Freizeitgestaltungen und den Medienkonsum. Als Gegenbewegung zum sich verändernden Medienkonsum entstand Slow Reading, denn »[s]low reading is the antidote to such distractions, which increasingly plague us in the digital age.«[134]

133 Honoré: In Praise of Slowness, S. 11.
134 Mikics: Slow Reading in a Hurried Age, S. 2.

3 VERÄNDERUNGEN DES LESEVERHALTENS

3.1 Digitales Lesen

Die heutige Mediennutzung ist vor allem bei den jüngeren Generationen stark von den direkten Folgen des Medienumbruches der 2000er bestimmt. Während ältere Generationen ihre Leitmedien (vor allem den Fernseher) nach wie vor ähnlich nutzen wie vor dem Umbruch, sind jüngere sehr stark von Computer und Internet beeinflusst.[135] Durch die unendlichen Möglichkeiten des Internets haben sich auch die Ansprüche an klassische Medien geändert. Natürlich gab und gibt es wie bei jedem Medienumbruch eine ganze Reihe von befürchteten Folgen,[136] die aber in diesem Abschnitt nicht beachtet werden können. In diesem Kapitel werden die Befürchtungen bezüglich des Leseverhaltens und dessen tatsächliche Veränderung thematisiert.

Die Erforschung des Lesens in digitalen Medien basiert jedoch auf »noch [...] keinem allgemein akzeptierten Wissensbestand, theoretischem Grundkonzept oder methodischem Standard«[137] und birgt auch deswegen einige Schwierigkeiten. Die Eigenschaften und Besonderheiten des digitalen Lesens können für den Rahmen dieser Arbeit mit Hilfe des Aufsatzes von Axel Kuhn und Svenja Hagenhoff *Digitale Lesemedien*[138] zufriedenstellend beschrieben werden. Verlässliche Daten, die das Leseverhalten und dessen Entwicklung

135 Vgl. ARD/ZDF-Onlinestudie 2014. Überblick. URL: http://www.ard-zdf-onlinestudie.de/index.php?id=506 [19.05.2016].

136 Vgl. Glaubitz, Nicola/Groscurth, Henning/Hoffmann, Katja u. a.: Eine Theorie der Medienumbrüche 1900/2000 (MUK 185/186). Siegen 2011. URL: http://dokumentix.ub.uni-siegen.de/opus/volltexte/2011/567/pdf/muk185_186.pdf [18.05.2016], S. 32.

137 Kuhn, Axel/Hagenhoff, Svenja: Digitale Lesemedien. In: Lesen. Ein interdisziplinäres Handbuch. Hrsg. von Ursula Rautenberg und Ute Schneider. Berlin, Boston: De Gruyter 2015, S. 362.

138 Ebd., S. 361-380.

in Beziehung zur digitalen Revolution setzen und wissenschaftlich untersuchen, existieren bisher jedoch nicht.[139] Deswegen werden einzelne Ergebnisse der JIM-Studie[140] aus 2015 und Ergebnisse der Stiftung Lesen[141] bezüglich des Medienkonsums von Kindern und Jugendlichen herangezogen, um eine allgemeine Tendenz ableiten zu können. Der Wandel des aktuellen Leseverhaltens kann jedoch nur durch Quellen angerissen werden. Da die Diskussion über die Veränderung dieser Kulturtechnik vor allem im Feuilleton stattfindet, werden einige Meinungen aufgezeigt und die aktuellen Befürchtungen dargelegt. Nicholas Carrs Artikel *Is Google Making Us Stupid?*[142] kann als Beginn der populären Debatte über die Zukunft des Lesens angesehen werden. Zuvor verwies auch schon Autor Jakob Nielsen[143] auf eine mögliche Veränderung des Leseverhaltens aufgrund der wachsenden Nutzung digitaler Inhalte und bietet mit einer *Eye-Tracking-Methode*[144] einen wissenschaftlichen Ansatz, um das Leseverhalten zu untersuchen. In Deutschland wird die Debatte um die negativen Folgen des modernen Medienkonsums vor allem von Manfred Spitzer[145] angeführt. Sein Bestseller wird allerdings stark kritisiert und dient diesem Kapitel nur durch Ergänzungen, um die aktuelle Debatte und die Befürchtungen bezüglich des Leseverhaltens aufzeigen zu können. Des Weiteren konnten unter anderem Artikel aus *The Guardian*[146] und der *New York Times*[147] den Abschnitt um Stellungnahmen ergänzen. In Kapitel 3 konnte demnach nur wenig Forschungsliteratur verwendet werden. Die Argumentation baut deswegen auf Quellen in Form von Meinungs-

139 Kübler, Hans-Dieter: Lesen und Medien in der zweiten Hälfte des 20. Jahrhunderts. In: Lesen. Ein interdisziplinäres Handbuch. Hrsg. von Ursula Rautenberg und Ute Schneider. Berlin, Boston: De Gruyter 2015, S. 793–812.

140 JIM 2015. Jugend, Information, (Multi-) Media. Basisstudie zum Medienumgang 12- bis 19-Jähriger in Deutschland. Hrsg. von Medienpädagogischer Forschungsverbund Südwest (mpfs). Stuttgart: Medienpädagogischer Forschungsschwerpunkt Südwest (LFK, LMK) 2015. URL: http://www.mpfs.de/fileadmin/JIM-pdf15/JIM_2015.pdf [05.04.2016].

141 Vgl. Zukunft des Lesens. Was bedeutet Generationswechsel, demografischer und technischer Wandel für das Lesen und den Lesebegriff. Ergebnisse einer Tagung der Stiftung Lesen.

142 Vgl. Carr, Nicholas: Is Google Making Us Stupid? In: The Atlantic vom Juli/August 2008. URL: http://www.theatlantic.com/magazine/archive/2008/07/is-google-making-us-stupid/306868/ [19.05.2016].

143 Nielsen, Jakob: How Users Read on the Web. In: Nielsen Norman Group vom 01. Oktober 1997. URL: https://www.nngroup.com/articles/how-users-read-on-the-web/ [03.04.2016].

144 Ebd.

145 Spitzer, Manfred: Digitale Demenz. München: Droemer 2014.

146 Burkeman, Oliver: How to find time to read. In: The Guardian vom 03. April 2015. URL: http://www.theguardian.com/lifeandstyle/2015/apr/03/how-to-find-time-to-read-oliver-burkeman [22.01.2016].

147 Vgl. Matter, Gray: Sorry, You can't speed Read. In: The New York Times Sunday Review vom 15. April 2016. URL: http://www.nytimes.com/2016/04/17/opinion/sunday/sorry-you-cant-speed-read.html [15.05.2016].

äußerungen und subjektiven Empfindungen auf. Dadurch wird der aktuelle Diskurs zwar beschrieben, aber nicht wissenschaftlich eingeordnet oder bewertet. Vergleichsstudien zwischen dem Lesen gedruckter und digitaler Texte liefern jedoch Anhaltspunkte, die darauf schließen lassen, dass sich bestimmte Aspekte des Lesens verändern.[148]

»Betont werden dabei immer wieder Veränderungen der Aufmerksamkeitsspannen, der Informationsselektoren, des Tiefenverstehens und der Konzentration beim Lesen.«[149] Der größte Teil des Diskurses beschäftigt sich mit befürchteten Folgen: Dieses Kapitel fasst die aktuelle Stimmung bezüglich des Lesens in digitalen Medien und dessen Folgen, sowie die Beobachtungen und Empfindungen zusammen.

Digitale Lesemedien umfassen unter anderem Webseiten, Blogs, Wikis, Foren, Chats, E-Mails, E-Books, elektronische Zeitschriften oder Zeitungen und natürlich auch schriftbasierte Apps. Inzwischen werden diese Medien oftmals über ein Smartphone, Tablet-PCs oder auch E-Reader konsumiert.[150] Durch deren Nutzung wird heute potentiell mehr gelesen, aber nicht zwangsläufig in Print-Formaten sondern eher in digitaler Form.[151] Dabei gibt es viele Faktoren, die Einfluss auf das digitale Lesen ausüben. Das Internet bietet beispielsweise zahlreiche verschiedene Medienformate und es handelt sich bei Texten auf Webseiten oder bei Online-Artikeln selten um rein typografische Texte. Oftmals sieht sich der Leser Text, Videos, Ton und/ oder Bildern gegenüber. Durch diese

> *Erweiterung der Kommunikationskanäle auf Videosequenzen, Animationen und Tonspuren werden die Anforderungen an ein kompositorisches Lesen jedoch um ein Vielfaches erhöht, Wahrnehmung und Bedeutungskonstruktion können insbesondere aufgrund des Spannungsfelds zwischen statischen und dynamischen Zeichen nur unter erhöhtem kognitivem Aufwand vollzogen werden.*[152]

Der Aufmerksamkeitswechsel muss zwischen den multiplen Kommunikationskanälen öfter und in kürzerer Abfolge erfolgen, »um die mediale

148 Kuhn/Hagenhof: Digitale Lesemedien, S. 377.

149 Ebd.

150 Vgl. ebd., S. 361.

151 Vgl. Zukunft des Lesens. Was bedeutet Generationswechsel, demografischer und technischer Wandel für das Lesen und den Lesebegriff. Ergebnisse einer Tagung der Stiftung Lesen, S. 11.

152 Kuhn/Hagenhoff: Digitale Lesemedien, S. 373.

Gesamtposition erfassen zu können.«[153] Dadurch entsteht ein selektives und springendes Leseverhalten.[154] Printformate benötigen zwar ebenfalls kein lineares Lesen und sind auch von Aufmerksamkeitssprüngen des Lesers begleitet, aber durch die hohe Modularisierung von Texteinheiten in digitalen Lesemedien entstehen zusätzlich mehr Selektionsmöglichkeiten, die einfacher zugänglich sind. Die Abfolge der Sequenzen erhöht sich und Leser springen öfter zwischen diesen hin und her. Durch Verlinkungen in digitalen Texten entstehen zusätzliche Selektionsmöglichkeiten und der Druck auf den Leser, schnell zu entscheiden, ob er die aktuelle Rezeptionsphase fortführen oder zu einem anderen Textteil wechseln möchte, wächst.[155] Diese Eigenschaft einiger digitaler Medien führt zu unterschiedlichen Folgen.

Zum einen verschiebt diese Wechselhaftigkeit der gesamten Textpräsentation »das Verhältnis von Bereitsteller und Rezipient in der Bedeutungskonstruktion damit in Richtung des Lesers.«[156] Die vom Autor erstellte Reihenfolge des Textes verliert an Bedeutung und der Leser kann durch einen eigenen Kontext und durch Selektionen eine neue und eigene Anordnung des Textes wählen, die an Relevanz gewinnt.[157] Auch wenn es sich dabei nicht um vollkommen freie Textanordnungen handelt, entstehen durch diese nutzerzentrierten Anwendungsmöglichkeiten neue große Netzwerke aus Texteinheiten. Diese Möglichkeiten erfordern aber eine höhere Lesekompetenz, denn der Leser muss die Bedeutungskonstruktionen eigenverantwortlich vollziehen. Die kognitive Aktivität des Lesers wird ebenfalls erhöht, denn er kann vor bewusste Entscheidungen gestellt werden.[158] Die »aktive Konstruktionsleistung des Nutzers [gewinnt] an Gewicht, da er den Bildschirmtext, den er rezipiert, mehr oder weniger selbst produziert, indem er ihn aus Teilen montiert oder generiert.«[159]

Zum anderen können diese vielen Selektionsmöglichkeiten dazu führen, den Leser in seinem Lesefluss zu stören, denn »je mehr interaktive Elemente eine Präsentationsumgebung hat, desto höher ist die Wahrscheinlichkeit, dass der Leser weniger in den Text eingebunden wird.«[160] In einem solchen

153 Kuhn/Hagenhoff: Digitale Lesemedien, S. 373.
154 Vgl. ebd.
155 Vgl. ebd., S. 373 f.
156 Ebd., S. 374.
157 Vgl. ebd.
158 Vgl. ebd.
159 Graf: Leseverstehen komplexer Texte, S. 187.
160 Kuhn/Hagenhoff: Digitale Lesemedien, S. 375.

Fall werden »die beim Lesen erzeugten mentalen Repräsentationen in der Vorstellungskraft der Leser [...] von physischen Handlungen der Nutzungsumgebung überlagert.«[161] Durch intertextuelle und soziale Vernetzungen von Texten untereinander wird der Kontext des Leseprozesses beeinflusst. Zusätzlich »entstehen Bedürfnisse, den Text zu wechseln, weil etwas anderes Greifbares die Lesebedürfnisse eventuell besser befriedigen könnte und nur ›einen Klick weit weg‹ ist.«[162] Daraus könnte die allseits gefürchtete Ungeduld, mangelndes Konzentrationsvermögen und der Verlust des Tiefenverstehens resultieren:

> *Die permanente Anwesenheit anderer Lesemöglichkeiten im Bewusstsein erhöht die Ungeduld des Lesers, die perfekt seinen Bedürfnissen angepasste Information zu finden, und so zu einer Beschleunigung des Leseprozesses, in dem Selektion und Wechsel von Texten zu einem zentralen Merkmal wird. Diese fragmentierte Form des Lesens, auch als ›browsing‹ oder ›skimming‹ bezeichnet, steht dabei Bedeutungskonstruktionen entgegen, die auf ein langsames Tiefenverstehen ausgelegt sind, z. B. bei wissenschaftlichen oder fiktionalen Texten.*[163]

Um spezifische Informationen zu finden, ist diese Leseweise allerdings sehr effektiv. Dadurch wird nachvollziehbar, warum Leser E-Reader eher für fiktionale und Tablet-PCs eher für nicht-fiktionale Texte bevorzugen.[164] Die Möglichkeiten der digitalen Textgestaltung beeinflussen auf diesem Wege den Leseprozess und führen zu verschiedenen neuen Lesepraktiken.[165] »Ob in einer spezifischen Situation überhaupt ein digitales Lesemedium genutzt wird«[166] oder ob eine Printversion bevorzugt wird, »hängt von der konkreten Lesesituation und den damit assoziierten Bedürfnissen des Lesers ab.«[167] Wie sich dieses veränderte Mediennutzungsverhalten dauerhaft auf das Leseverhalten – insbesondere auf das Lesen von Printprodukten – auswirkt, ist noch nicht ausreichend erforscht. Im Folgenden wird anhand verschiedener Beiträge und Ansichten die aktuelle Stimmung bezüglich des Themas aufgezeigt.

161 Ebd.
162 Ebd., S. 376.
163 Ebd.
164 Vgl. ebd.
165 Vgl. ebd., S. 374.
166 Ebd., S. 375.
167 Ebd.

3.2 Studienbeiträge und zeitgenössischer Diskurs über das Leseverhalten

Verschiedene Studien beschäftigen sich mit der veränderten Mediennutzung seit der digitalen Revolution. Die JIM Studie widmet sich dem Medienumgang von Jugendlichen in Deutschland im Alter von 12 bis 19 Jahren. 2015 untersuchte sie unter anderem die Medienausstattung der Zielgruppe, die Freizeitaktivitäten und die Mediennutzung während der Freizeit, den Konsum verschiedener Medien, deren subjektive Wichtigkeit und auch das Lesen von Büchern.[168] Das Angebot an Mediengeräten in deutschen Haushalten ist dabei sehr breit gefächert und bietet Jugendlichen viele Möglichkeiten, Medieninhalte zu konsumieren. Smartphones, Fernseher, PCs, Laptops und Internetzugänge sind dabei in fast allen untersuchten Haushalten vorzufinden. Auch Spielekonsolen, DVD-Player und Tablet-PCs sind inzwischen weit verbreitet. E-Book-Reader gibt es allerdings erst in 24 % der befragten Haushalte.[169] Das große Angebot an Medien schlägt sich auch in der Freizeitgestaltung nieder, denn für die Jugendlichen, die in dem untersuchten Altersbereich alle zu den *Digitale Natives* zählen, ist die Nutzung digitaler Medien selbstverständlich. Bei der täglichen Nutzung von Medien steht das Handy für Jugendliche an erster Stelle, dicht gefolgt vom Internet und dem Fernseher.[170] Zu den beliebtesten non-medialen Freizeitbeschäftigungen zählen das Treffen mit Freunden sowie Sport und Familienunternehmungen.[171] Der Medienkonsum von gedruckten Büchern bleibt bisher von der elektronischen Konkurrenz unbeeinträchtigt:

> *Entgegen vielerorts geäußerter Befürchtungen nimmt das Interesse der Zwölf- bis 19-Jährigen am Lesen gedruckter Bücher trotz des stark gestiegenen elektronischen Medienangebots nicht ab. Jeder Zweite findet das Lesen von Büchern (sehr) wichtig und 36 Prozent der Jugendlichen lesen in ihrer Freizeit regelmäßig Bücher. Zwar ist die regelmäßige Nutzung im Vergleich zu den vorherigen Jahren etwas rückläufig (2014: 39 %, 2013: 40 %), lag aber auch schon im Jahr 2002 bei 37 Prozent; aktuell lässt sich hier also noch keine Tendenz zu einem sinkenden Interesse am Lesen ableiten.*[172]

168 Vgl. JIM 2015.
169 Vgl. ebd., S. 6.
170 Vgl. ebd., S. 11.
171 Vgl. ebd., S. 10.
172 Ebd., S. 22.

Mädchen zeigen dabei generell ein höheres Interesse am Lesen als Jungen; mit steigendem Alter sinkt der Anteil der regelmäßigen Leser wieder. Das Lesen von E-Books konnte sich zumindest bei den Befragten noch nicht im Alltag durchsetzen.[173] Empirische Untersuchungen zum Lesen im Internet oder in Videospielen wären wünschenswert, bleiben aber bisher aus. Generell zeigt das Fazit der Studie, dass vor allem Kinder und Jugendliche eine große Bandbreite an medialen Möglichkeiten zur Verfügung haben und diese auch gerne und häufig nutzen. Dabei bleibt die Zahl der Lesenden überwiegend konstant und zeigt sich von anderen Medien unbeeinflusst. In dieser Studie wurden aber nur bestimmte Altersklassen berücksichtigt. Auch die Ergebnisse aus *Lesen in Deutschland 2008*[174] und *Zukunft des Lesens*[175] der Stiftung Lesen zeichnen ein positives Bild für das Lesen: In beiden Studien wird betont, dass weiterhin Bücher gelesen werden und digitale Medienformate großes Potenzial für die Leseförderung bieten. Auf die nachhaltige Veränderung des Leseverhaltens aufgrund des Medienkonsums digitaler Medien wird jedoch nicht eingegangen. Vergleichbare amerikanische Studien zeichnen ein gegensätzliches Bild. Die 2004 erschienene Studie *Reading at Risk: A Survey of Literary Reading in America*[176] und der 2007 erschienene Nachfolger *To Read or Not to Read*[177] besagen, dass vor allem Kinder und Jugendliche immer weniger literarische Texte lesen und ein weiterer Abwärtstrend zu erwarten ist.[178] Die Vorgehensweise und Methodik der Studie wurden jedoch kritisiert und geben wenig Aufschluss über das Lesen in digitalen Medien.[179] Bereits zwei Jahre später zeugt eine weitere Studie *Reading on the Rise*[180] von einem plötzlichen Umschwung. Alle Altersgruppen

173 Vgl. ebd., S. 22 f.

174 Lesen in Deutschland. Eine Studie der Stiftung Lesen. Mainz: Stiftung Lesen 2008.

175 Zukunft des Lesens. Was bedeutet Generationswechsel, demografischer und technischer Wandel für das Lesen und den Lesebegriff. Ergebnisse einer Tagung der Stiftung Lesen.

176 Reading At Risk. A Survey of Literary Reading in America. Executive Summary. Hrsg. von National Endowment for the Arts. Washington: National Endowment for the Arts 2004. URL: https://www.arts.gov/sites/default/files/RaRExec_0.pdf [13.05.2016].

177 To Read or Not To Read. A Question of National Consequence. Executive Summary. Hrsg. von National Endowment for the Arts. Washington: National Endowment for the Arts 2007. URL: https://www.arts.gov/sites/default/files/ToRead_ExecSum.pdf [13.05.2016].

178 Vgl. Miedema: Slow Reading, S. 26 f.

179 Vgl. Kirschenbaum, Matthew: How Reading is Being Reimagined. In: The Chronicle Review (Volume 54, Issue 15, Page B20) vom 07. Dezember 2007. URL: http://www.thinkingtogether.org/350/reading_reimagined.pdf [13.05.2016].

180 Reading on the Rise. A new Chapter in American Literacy. Hrsg. von National Endowment for the Arts. Washington: National Endowment for the Arts 2009. URL: https://www.arts.gov/sites/default/files/ReadingonRise.pdf [13.05.2016].

in den USA, ungeachtet der verschiedenen kulturellen Hintergründe, würden wieder mehr lesen. Damit sei die Zeit der Lesekrise beendet. Grund sei die durch die erste Studie aufgezeigte Notwendigkeit, wieder mehr Leseförderung zu betreiben. Durch die Aufklärung der Institution sei in Familien wieder mehr gelesen worden und zahlreiche Leseförderprogramme hätten ebenfalls auf den verzeichneten Abwärtstrend geantwortet und diesem entgegen gewirkt.[181]

Die Zukunft des Lesens ist dabei ein gerne in der Öffentlichkeit diskutiertes Thema. Ergebnisse wie die der ersten beiden amerikanischen Studien bieten eine Grundlage für Endzeitszenarien und Spekulationen über das Aus für das gedruckte Buch, die vorwiegend vom Feuilleton aufgenommen werden. Vor allem die noch nicht ausreichend erforschten Auswirkungen des digitalen und des online Lesens auf das Leseverhalten in Printformaten sind ein gern diskutiertes Thema. In den 1990er-Jahren entstand als Begleiterscheinung der digitalen Revolution ein Diskurs, der sich mit den möglichen Folgen des zu erwartenden verändernden Medienkonsums beschäftigte. Es entstand eine Vielzahl an Werken, die mögliche Auswirkungen und vor allem negative Folgen diskutierten. Die Sorge um die Entwicklung und besonders um die Konzentrationsfähigkeit von Kindern und Jugendlichen steht bereits in Horst W. Opaschowskis 1997 erschienenen *Die multimediale Zukunft*[182] im Vordergrund. So befürchtete er unter anderem, dass der übermäßige Konsum digitaler Medien dazu führen könnte, dass Informationen nur noch bruchstückchenhaft aufgenommen werden könnten. Gesammelte Eindrücke und Informationen seien bei dieser »Konfetti-Generation«[183] oder den »Kurzzeit-Konzentrations-Kinder[n]«[184] nur oberflächlich verarbeitet und es fiele ihnen schwer, Zusammenhänge zu erkennen.[185] Eine weitere Folge sei, dass der Konsument sich immer schneller langweile und deswegen immer schneller von Medium zu Medium oder von Webseite zu Webseite wechsle.[186]

181 Vgl. Reading on the Rise.

182 Opaschowski: Horst. W.: Die multimediale Zukunft. Analysen und Prognosen. Hamburg: Freizeit-Forschungsinstitut der British American Tobacco 1997.

183 Ebd., S. 42.

184 Ebd.

185 Vgl. ebd., S. 42 f.

186 Vgl. ebd.

> *Diese K. K. K-Generation entwickelt ganz spezifische Konzentrationsstrategien, damit sie die Bilderflut und das Informationstempo über haupt noch verarbeiten kann. Pointiert gesagt: Das Kind wird zum Scanner, d. h. das Aufwachsen in einer reizüberfluteten Umwelt zwingt das Kind, auch das eigene Leben zu scannen.*[187]

Jakob Nielsen versuchte ebenfalls 1997 mit seiner Studie *How Users Read on the Web*[188] das sich verändernde Leseverhalten wissenschaftlich zu untersuchen. Dabei beginnt der Informatiker mit der provozierenden Zusammenfassung seiner Studie, die danach fragt, wie Internetuser im Web lesen: »They don't. People rarely read Web pages word by word; instead, they scan the page, picking out individual words and sentence.«[189] Nicht außer Acht zu lassen ist, dass sich das Userverhalten, das Internet, Webseiten und deren Inhalte in den letzten 20 Jahren verändert haben. Die Eigenheit, im Text zu springen und generell in einem spontaneren und ungehemmteren Lesefluss zu lesen, scheint jedoch geblieben zu sein. Nielsen lässt diese, auf der Eye-Tracking-Methode basierende Studie jedoch unbewertet und stellt nur einen Trend fest, der sich in Zukunft noch verstärken könnte. Nicholas Carr geht in seinem, im Juli 2008 erschienenen Artikel ganz anders vor. *Is Google Making Us Stupid? What the Internet is doing to our brains*[190] führte wiederkehrend zu Diskussionen. Darin stellt er die These auf, dass das Internet und dessen Nutzung unsere Art des Denkens nachhaltig verändere:

> *Over the past few years I've had an uncomfortable sense that someone, or something, has been tinkering with my brain, remapping the neural circuitry, reprogramming the memory. My mind isn't going [...] but it's changing. I'm not thinking the way I used to think.*[191]

Er beschreibt seinen Medienkonsum im Internet als etwas Kurzweiliges. Er lese und schreibe E-Mails, scanne Überschriften und Blogbeiträge ohne diese komplett durchzulesen, schaue Videos, höre Podcasts oder lasse sich von einem Hyperlink zum nächsten treiben. Alles bliebe zwar oberflächlich, aber

187 Ebd.

188 Nielsen, Jakob: How Users Read on the Web. In: Nielsen Norman Group vom 01. Oktober 1997. URL: https://www.nngroup.com/articles/how-users-read-on-the-web/ [03.04.2016].

189 Ebd.

190 Carr: Is Google Making Us Stupid?

191 Ebd.

das Internet mit all seiner Fülle würde für ihn wie für viele Andere zum universellen Medium, über das er die meisten Informationen konsumiere. Auch wenn er dieses Surfen selbst praktiziert und auch nicht kategorisch ablehnt, sieht er in ihm das Übel der heutigen Art des Denkens:[192]

> *And what the Net seems to be doing is chipping away my capacity for concentration and contemplation. My mind now expects to take in information the way the Net distributes it: in a swiftly moving stream of particles.*[193]

Außerdem schwinde seine Konzentrationsfähigkeit mit wachsendem Internetkonsum und er verliere die Fähigkeit, sich auf eine Sache für eine lange Zeitspanne zu konzentrieren und nichts anderes nebenbei tun zu wollen. Carr bemerkt dies am stärksten beim Lesen von Büchern oder anderen längeren Printtexten:

> *I can feel it most strongly when I'm reading. Immersing myself in a book or lengthy article used to be easy. My mind would get caught up in the narrative or the turns of the argument, and I'd spend hours strolling through long stretches of prose. That's rarely the case anymore.*[194]

Sich für eine längere Zeit auf nur einen Text zu konzentrieren, werde zunehmend schwieriger und er müsse sich dazu zwingen, nicht mit seinen Gedanken abzuschweifen.[195] »The deep reading that used to come naturally has become a struggle.«[196] Damit ist Nicholas Carr nicht der Einzige.[197] Sophie Heawood, eine Journalistin für *The Guardian* beobachtet ähnliche Veränderungen in ihrem eigenen Leseverhalten und beschreibt ihre Konzentrationsschwierigkeiten:

> *Of course I read. I read all the time. I use the Kindle app on my phone while a child tries to get my attention, or while I'm trying not to miss my stop on the bus. I read books in bed while also looking at Twitter*

192 Vgl. Carr: Is Google Making Us Stupid?
193 Ebd.
194 Ebd.
195 Vgl. ebd.
196 Ebd.
197 Vgl. ebd.

> *and writing notes to myself about work, and then I look at the other half-read books on my bedside pile and wonder if I should switch. And then I change radio station three times because the talking is distracting me, but silence was worse. And then I notice that it's 1am and I've got through a mere 18 pages of my book but an impressive 157 page refreshes of Facebook, again. Because the thing about reading is that you think it is going to be lonely so you counteract this by giving yourself the illusion of company. Which then renders you unable to concentrate.*[198]

Auch David L. Ulin, Journalist für die *LA Times* beschreibt in einem Artikel, wie sich sein Leseverhalten nachhaltig verändert. Als Vielleser von Kindestagen an, habe er nie Schwierigkeiten gehabt, lange Texte konzentriert und stundenlang zu lesen. Erst seit Kurzem müsse er um die nötige Konzentration kämpfen. Die benötigte Ruhe und die Fähigkeit, alles Störende auszublenden, um in den gewünschten Lesefluss zu gelangen, fiele ihm aufgrund veränderter Mediennutzung und des hektischen Lebens zunehmend schwerer.[199] »These days, however, after spending hours reading e-mails and fielding phone calls in the office, tracking stories across countless websites I find it difficult to quiet down.«[200] Er lese einige Seiten, schweife jedoch immer wieder ab und verliere die Konzentration. Für ihn sei das Lesen zu einer Art Meditationsübung geworden. Er müsse oftmals erst zwanzig Seiten lesen, bevor er in einen Lesefluss gerate, der ihn alles andere vergessen und ausblenden ließe.[201]

In Deutschland hat sich vor allem der Psychiater Manfred Spitzer dem Kampf gegen die digitale Revolution verschrieben. Er schließt sich Nicholas Carr an und ist der Meinung, dass der Mensch die Fähigkeit der langfristigen Konzentration auf einen langen und komplizierten Text dauerhaft verlieren könnte. In seinem Bestseller *Digitale Demenz. Wie wir uns und unsere Kinder um den Verstand bringen*[202] beschreibt er mögliche Folgen der intensiven Nutzung digitaler Medien und warnt unter anderem vor Aufmerksamkeits-

198 Heawood, Sophie: Book clubs with a difference – have you tried Slow Reading? In: The Guardian vom 09. Januar 2015. URL: http://www.theguardian.com/lifeandstyle/2015/jan/09/book-clubs-with-difference-have-you-tried-slow-reading [02.05.2016].

199 Vgl. Ulin, David L.: The lost art of reading. In: LA Times vom 09. August 2009. URL: http://www.latimes.com/entertainment/arts/la-ca-reading9-2009aug09-story.html [22.01.2016].

200 Ebd.

201 Vgl. ebd.

202 Spitzer: Digitale Demenz.

störungen, Realitätsverlust, Stress, Depressionen und zunehmender Gewaltbereitschaft. Bei diesen Zeilen kann es durchaus vorkommen, dass sich der Leser an die Lesesucht-Debatte des 18. Jahrhunderts erinnert fühlt[203] oder aber an ganz ähnliche Warnungen nach dem Aufkommen des Radios oder des Fernsehens. Medienumbrüche gehen schon immer mit Ängsten und Befürchtungen einher, wobei diese sich in Art und Weise ähneln.[204] Spitzer ist sich jedoch sicher, dass übermäßiger Internetkonsum zu vielen negativen Folgen führe, die er unter dem Begriff *Digitale Demenz* als Krankheit zusammenfasst.[205] Das Gehirn passe sich der Nutzung von digitalen Medien an und so komme es zu negativen Auswirkungen auf die geistig-seelischen Prozesse,[206] die unter anderem »kognitive Leistungen wie Aufmerksamkeit, Sprach- oder Intelligenzentwicklung betreffen«[207] und »erhebliche Auswirkungen auf emotionale und soziale psychische Prozesse, bis hin zu ethisch-moralischen Einstellungen sowie unsere Eigenperspektive, also unsere personale Identität«[208] hätten. Neben den medizinischen Folgen für den Einzelnen sieht er auch ein beeinträchtigtes Mediennutzungsverhalten, dass das Lesen von langen Texten zunehmend schwerer gestaltet.[209] Generell sei ein übermäßiger Internetkonsum seiner Ansicht nach sehr gefährlich und verändere das menschliche Gehirn so sehr, dass die alten Denkweisen, so auch das Lesen von Büchern, nicht mehr möglich seien. Damit widerspricht er der in Abschnitt 3.1 aufgeführten Feststellung, dass das Lesen in digitalen Medien eine höhere Eigenleistung und Lesekompetenz erfordert, um die Selektionsprozesse selbstständig ausführen zu können und dadurch eigenständig Textmengen zu konsumieren. Auch die PISA-Erhebung von 2009 »deutet darauf hin, dass das Trägermedium offenbar kaum einen Einfluss darauf hat, ob Kinder und Jugendliche erfolgreich lesen lernen.«[210]

Da die Menschen konstant ungeduldiger werden und Informationen so schnell wie möglich beziehen wollen, bietet das Internet eine fast simultane Befriedigung dieses wachsenden Bedürfnisses.[211] Dass sich diese »in-

203 Vgl. Schneider: Frühe Neuzeit, S. 758.
204 Vgl. Glaubitz/Groscurth/Hofmann: Theorie der Medienumbrüche 1900/2000, S. 27.
205 Vgl. Spitzer: Digitale Demenz, S. 7–9.
206 Vgl. ebd., S. 15.
207 Ebd.
208 Ebd.
209 Vgl. ebd., S. 234 f.
210 Zukunft des Lesens. Was bedeutet Generationswechsel, demografischer und technischer Wandel für das Lesen und den Lesebegriff. Ergebnisse einer Tagung der Stiftung Lesen, S. 12.
211 Vgl. ebd., S. 11 f.

stant gratification«[212] nachhaltig auf den Medienkonsum auswirkt, ist eine logische Schlussfolgerung. Zu den zahlreichen Ablenkungen, kommt Eigenschaft des modernen Menschen hinzu, welche die Konzentrationsfähigkeit ebenfalls bedroht: »It is not simply that one is interrupted; it is that one is actually *inclined* to interruption. Hence more and more energy is required to stay in contact with a book, particularly something long and complex.«[213]

Des Weiteren ist Lesen eine sehr langsame Tätigkeit, die ausreichend Zeit erfordert. Um in einen tiefen Lesefluss zu gelangen, reichen oftmals keine 30 Minuten in der Mittagspause: »Deep reading requires not just time, but a special kind of time which can't be obtained merely by becoming more efficient.«[214] Das heutige Bedürfnis, jede Minute sinnvoll und effizient zu nutzen, steht dieser Voraussetzung für eine angenehme Leseerfahrung entgegen und lässt viele Menschen auf schnellere Medien umsteigen. »Every moment is woven into a schedule, and wherever we look [...] the clock is ticking, tracking our progress, urging us not to fall behind.«[215] Die Angst, etwas zu verpassen und den Anschluss zu verlieren, ist allgegenwärtig und beeinflusst den Alltag. Diese Angst könnte eine der großen Gefahren für langsames und bewusstes Lesen langer und komplexer literarischer Texte sein:

> *Immersive reading, by contrast, depends on being willing to risk inefficiency, goallessness, even time-wasting. Try to slot it in as a to-do list item and you'll manage only goal-focused reading – useful, sometimes, but not the most fulfilling kind.*[216]

Als Reaktion auf das steigende Lebenstempo reagiert aber nicht nur Slow Reading als Gegenbewegung, viele versuchen sich auch durch das Erlernen von Speed-Reading-Methoden an die neuen Anforderungen anzupassen.[217] Bereits seit den 1950er-Jahren wächst die Anzahl dieser Techniken stetig an.[218]

212 Ebd., S. 12.

213 Praks, Tim: Reading: The Struggle. In: The New York Review of Books vom 10. Juni 2014. http://www.nybooks.com/daily/2014/06/10/reading-struggle/ [13.05.2016]. Anmerkung: Hervorhebung im Original.

214 Burkeman: How to find time to read.

215 Honoré: In Praise of Slowness, S. 19 f.

216 Burkeman: How to find time to read.

217 Vgl. Hoffmann, Victoria: Mit neuer Technik schneller lesen. In: Zeit Online vom 27. August 2010. URL: http://www.zeit.de/karriere/beruf/2010-08/weiterbildung-schneller-lesen [19.05.2016].

218 Vgl. Matter: Sorry, You can't speed Read.

> *The first popular speed-reading course, introduced in 1959 by Evelyn Wood, was predicated on the idea that reading was slow because it was inefficient. The course focused on teaching people to make fewer back-and-forth eye movements across the page, taking in more information with each glance. Today, apps like SpeedRead with Spritz aim to minimize eye movement even further by having a digital device present you with a stream of single words one after the other at a rapid rate.*[219]

Zahlreiche Websiten und Ratgeber greifen verschiedene Methoden zu diesem Thema auf, ebenso stellen Seminare in mehrtägigen Kursen Techniken wie *Turbolesen*, *PowerReading* oder *Improved Reading* vor.[220] Ein Beispiel für die sich beschleunigende Lesekultur ist das Programm *Spritz*.[221] Dabei wird ein Text in einer Anzeige Wort für Wort »abgespielt« und der Leser muss sich nur auf die aufeinanderfolgenden Wörter konzentrieren, nicht umblättern oder die Augen eigenständig zum nächsten Wort bewegen.[222] Dabei ist in jedem Wort genau der Buchstabe rot eingefärbt, der den »Optimal Recognition Point«[223] markiert. »For each word, the eye seeks a certain point within the word, which we call the ›Optimal Recognition Point‹ or ORP. After your eyes find the ORP, your brain starts to process the meaning of the word that you're viewing.«[224] Der Leser blickt demzufolge auf einen Fluss von durchlaufenden Wörtern und soll dadurch in kürzester Zeit auch lange literarische Texte »spritzen«. Innerhalb von nur fünf Minuten könne sich der Leser an dieses Format gewöhnen.[225]

> *Removing the eye movements associated with traditional reading methods not only reduces the number of times your eyes move when reading, but also decreases the number of times your eyes must pass over a word for your brain to understand it.*[226]

219 Ebd.
220 Vgl. Hoffmann: Mit neuer Technik schneller lesen.
221 Spritz. Webseite. URL: http://spritzinc.com/ [20.05.2016].
222 Vgl. Speed Reading lernen: Angebote im Vergleich. In: Lesen.net. URL: http://www.lesen.net/speed-reading/ [20.05.2016].
223 Spritz. Webseite. The Science. Learn About Why Spritz Works. URL: http://spritzinc.com/the-science [20.05.2016].
224 Ebd.
225 Vgl. ebd.
226 Ebd.

Durch das Aufkommen von Smartwatches gibt es neue Möglichkeiten, diese Speed-Reading-Technik in den Lesealltag einzubinden. Da ein einzelnes Wort nur ein kleines Feld benötigt, bietet es sich vor allem für kleine Displays an.[227] Der Unterschied zu anderen Speed-Reading-Ansätzen liegt darin, dass *Spritz* auch literarische Werke in ihre Datenbank aufnimmt. So kann man zum Beispiel per *Spritz* auf E-Books aus dem *Projekt Gutenberg*[228] zugreifen.[229] Auch Amazon integriert inzwischen in ihre englischsprachige Kindle-App sogenannte *Word Runner*. Dabei wird ebenfalls nur ein Wort gezeigt, allerdings ohne farbliche Abhebung.[230] Ob diese Funktion auch in die deutschsprachige App Einzug finden wird, hängt sicherlich vom Erfolg der amerikanischen Version ab. Das von *Spritz* formulierte Ziel ist ein Zeugnis des wachsenden Bedürfnisses nach einem schnelleren und effektiveren Lesen: »Save time, increase focus and have fun.«[231] Ob schnelleres Lesen zu einem ähnlichen Verständnis wie langsames Lesen führt, bleibt umstritten. Eine Studie vom Januar 2016 zeigt auf, dass unter schnellem Lesen sehr wahrscheinlich das Verständnis leidet.[232]

> *In a recent article in Psychological Science in the Public Interest, one of us (Professor Treiman) and colleagues reviewed the empirical literature on reading and concluded that it's extremely unlikely you can greatly improve your reading speed without missing out on a lot of meaning. Certainly, readers are capable of rapidly scanning a text to find a specific word or piece of information, or to pick up a general idea of what the text is about. But this is skimming, not reading.*[233]

227 Vgl. Haupt, Johannes: Apple Watch und Spritz: Dream Team fürs E-Reading? [+Umfrage]. In: Lesen.net vom 11. September 2014. URL: http://www.lesen.net/ebook-news/apple-watch-und-spritz-dream-team-fuers-e-reading-umfrage-14562/ [20.05.2016].

228 Projekt Gutenberg. Webseite. URL: https://www.gutenberg.org/ [20.05.2016].

229 Vgl. Haupt, Johannes: Apple Watch und Spritz: Dream Team fürs E-Reading?

230 Vgl. Haupt, Johannes: Speed Reading mit Handbremse: Kindle-App integriert Word Runner. In: Lesen.net vom 18. September 2015. URL: http://www.lesen.net/ebook-news/speed-reading-mit-handbremse-kindle-app-integriert-word-runner-22505/ [20.05.2016].

231 Spritz. Webseite.

232 Vgl. Speed Reading Promises Are Too Good To Be True, Scientists Find. In: Association For Psychological Science vom 14. Januar 2016. URL: http://www.psychologicalscience.org/index.php/news/releases/speed-reading-promises-are-too-good-to-be-true-scientists-find.html [15.05.2016].

233 Matter: Sorry, You can't speed Read.

Da die meisten Speed-Reading-Techniken auf schnellere Augenbewegungen abzielen, es beim Lesen aber »about language comprehension, not visual ability«[234] ginge, gehe das tiefgründige Verständnis für das Gelesene leicht verloren.[235] Die beste Technik, seine Lesefähigkeiten zu verbessern, »is to read a wide variety of written material and to expand your vocabulary.«[236] Neben den aktuellen Diskurs über die Zukunft des gedruckten Buches treten zunehmend Diskussionen über die Zukunft des Lesens. »Bisher gibt es [allerdings] keine allgemein anerkannten Nachweise, dass digitale Lesemedien Leseprozesse nachhaltig und vollständig verändern.«[237] Slow Reading antwortet demnach nur auf Befürchtungen und das aktuelle Zeitempfinden.

234 Matter: Sorry, You can't speed Read.

235 Vgl. ebd.

236 Ebd.

237 Kuhn/Hagenhoff: Digitale Lesemedien, S. 377.

4 DAS SLOW MOVEMENT

4.1 Das Bedürfnis nach Entschleunigung

Die dargelegte Beschleunigung in allen Lebensbereichen, die sich seit der Moderne wellenförmig steigert, erzeugt nicht nur viele begeisterte Anhänger, sie fördert auch seit Beginn einen begleitenden Diskurs,[238]

> *in dem der Ruf nach Entschleunigung und die nostalgische Sehnsucht nach der verlorenen ›langsamen Welt‹, deren Langsamkeit erst im Rückblick zu einer distinkten Qualität wird, in aller Regel die Begeisterung über die Tempogewinne überwiegen.*[239]

Es gibt schon seit Jahren viele verschiedene Befürworter der Entschleunigung und die Verringerung des Lebenstempos wird auch in der Öffentlichkeit oftmals diskutiert. Zeitnot und Beschleunigung sind schon länger populäre Dauerthemen im Feuilleton und es gibt zahlreiche Ratgeber und Romane, die sich damit auseinandersetzen sowie einige Organisationen, die sich ebenfalls die Entschleunigung des Lebens zum Ziel gesetzt haben.[240] Alle Bestrebungen, die versuchen den negativen Folgen des schnellen Lebens entgegenzuwirken, darüber aufzuklären und alternative Lebensweisen aufzuzeigen, werden unter dem Begriff Slow Movement zusammengefasst. Eine übergeordnete Organisation gibt es dabei nicht. Der Begriff Slow Movement wurde erstmals 2004 von Carl Honoré in seinem Buch *In Praise of Slowness* verwendet. Mit Slow Movement meint Honoré die von Rosa beschriebenen

238 Vgl. Rosa: Beschleunigung, S. 82.

239 Ebd., S. 81.

240 Vgl. Ebd., S. 84.

»*intentionale[n] Bemühungen und oft ideologisch begründete Bewegungen* zur bewussten Entschleunigung und sozialer Verlangsamung,«[241] welche die Entschleunigung des Lebens als eine Ideologie empfinden und die als Begleiterscheinung der aktuellen Beschleunigungswelle auftreten.[242] Eine fest datierbare Geburtsstunde des Slow Movements gibt es jedoch nicht. Auch wenn das im nächsten Kapitel beschriebene Slow Food Movement den Grundstein legte, ist der Wunsch danach, das eigene Leben zu verlangsamen, schon wesentlich älter als die Bewegung Slow Food. Erste Versuche, die allgemeinen Beschleunigungstendenzen zu unterbrechen, kann man in den 1960er Jahren positionieren:

> *Through the twentieth century, resistance to the cult of speed grew, and began to coalesce into broad social movements. The counterculture earthquake of the 1960s inspired millions to slow down and live more simply.*[243]

Die große *Flower Power-Bewegung* der 1960er-Jahre folgte ähnlichen Idealen. Den Anhängern ging es nicht um Konsum, Erfolg oder Geschwindigkeit, sondern darum, sich vom Leben leiten zu lassen, gegen Kriege und Umweltzerstörung zu demonstrieren und daran zu erinnern, worum es im Leben ihrer Meinung nach eigentlich geht: um *love, peace and happiness.* In den späten 1980er-Jahren kam in New York ein ähnlicher Trend auf, der sich *Downshifting* nennt. Hierbei tauschten Besserverdiener ihre sehr gut bezahlten, aber mit viel Verantwortung und Stress verbundenen Jobs und Lebensstile[244] gegen eine »more relaxed, less consumerist existence«[245] ein. Im Gegensatz zu den Hippies sind die Downshifter weniger politisch und umweltbewusst. Bei ihnen steht der Wunsch nach einem gesünderen, glücklicheren und erfüllteren Leben im Vordergrund.[246] »They are willing to forgo money in return for time and slowness.«[247]

Trotzdem verfasste erst Carl Honoré mit *In Praise of Slowness* das bis dahin fehlende Manifest für das Slow Movement und prägte darin auch erst-

241 Rosa: Beschleunigung, S. 146. Anmerkung: Hervorhebung im Original.
242 Vgl. Ebd.
243 Honoré: In Praise of Slowness, S. 46.
244 Vgl. ebd., S. 47.
245 Ebd.
246 Vgl. ebd.
247 Ebd.

mals diesen Begriff. Auch wenn die Grundidee durch die Slow Food Organisation schon Mitte der 1980er-Jahre geboren wurde, erfasste erst Honoré, dass sich die Ideale längst auf weitere Lebensbereiche ausgebreitet hatten. Inspiration fand er bei zahlreichen zeitgenössischen Künstlern, Spin-off-Gruppen des Slow Food Movements und Einzelpersonen, die die Ideen des Slow Movements bereits auf verschiedene Aspekte des Lebens anwendeten.[248] So gibt es unter anderem immer mehr Serien und Filme, die mit Echtzeitmaterial arbeiten[249] und auf das anschließende Zuschneiden verzichten, wie beispielsweise der deutsche Film *Victoria*.[250] Auch Slow Journalism ist ein Trend, der wachsenden Zuspruch findet, und in London gibt es das erste vierteljährlich erscheinende Magazin, das diesem Ansatz folgt:

> *[...] Delayed Gratification is a high-quality, subscription-based print magazine that positions itself as an antidote and polar opposite to ›the Twitter storms, PR-driven stories and synthetic outrage‹ of Fast Journalim. The magazine is published exactly three months after initial news events and is as wonderful as the rolling metal pole in the aforesaid Iranian film. Subjects in the latest issue cover long-forgotten themes such as the Ebola African epidemic, Mexican street protests about the disappearance of 43 students and even UKIP (remember them?) gaining its first seat in Parliament.*[251]

Weitere Ideen kamen von Geir Berthelsens *World Institute of Slowness*, das 1999 gegründet wurde. Berthelsen bietet Unterstützung und Beratungen für kleine und große Firmen. Dabei verteidigt er vehement den Standpunkt, langsames und sorgfältiges Denken sei der Schlüssel zum Erfolg. Seine Beratung läuft unter der Marke *SlowConsulting*.[252]

Seit dem Erscheinen von Honorés Werk haben sich zudem zahlreiche weitere Gruppierungen gebildet, die die Ideen des Slow Movements für ge-

248 Vgl. ebd., S. 18.

249 Vgl. Munford, Monty: The Slow Movement advances into reading and journalism. In: The Telegraph vom 10. Mai 2015. URL: http://www.telegraph.co.uk/technology/news/11593439/The-Slow-Movement-advances-into-reading-and-journalism.html [20.05.2016].

250 Vgl. Fraschke, Bettina: Film ohne Schnitt: »Victoria« im Berlinale-Wettbewerb. In: HNA vom 08. Februar 2015. URL: http://www.hna.de/kultur/film-ohne-schnitt-victoria-berlinale-wettbewerb-4714653.html [20.05.2016].

251 Munford, Monty: The Slow Movement advances into reading and journalism.

252 The World Institute of Slowness. Website. URL: http://www.theworldinstituteofslowness.com/ [22.02.2016].

wisse Lebensbereiche übernehmen. »And in their many and diverse acts of deceleration lie the seeds of a global Slow movement.«[253] Das Buch Honorés ist eine Bestandsaufnahme der Geschwindigkeit, mit der man heutzutage lebt und arbeitet und des sich immer weiter verbreitenden Slow Movements. Es bietet viele Anregungen und Tipps zu einer achtsameren Lebensweise und bildet damit die Grundlage für die weitere Verbreitung und den Erfolgskurs des Slow Movements, welches sich in den letzten zehn Jahren folglich stärker ausdehnen konnte. Dabei geht es nicht darum, alles langsam zu unternehmen, sondern sich bewusst für die passende Geschwindigkeit zu entscheiden: »Be fast when it makes sense to be fast, and be slow when slowness is called for.«[254] Das Slow Movement übt starke negative Kritik am modernen Lebensstil und sieht die negativen Konsequenzen des angepassten Verhaltens in allen Lebensbereichen wachsen. Für Carl Honoré führt eine zu schnelle Herangehensweise in den meisten Fällen zu schlechten Ergebnissen. Eine bewusste langsame Arbeitsweise führe dagegen oftmals schneller zum gewünschtem Ziel. Wichtig sei immer, Ruhe zu bewahren und sich diese nicht von Abgabedaten oder Deadlines nehmen zu lassen.[255] »Increasing numbers of people are getting fed up with the rush of modern life and are choosing instead to slow down.«[256] Honoré beschäftigt sich neben Slow Food mit den Themen Städte, Körper und Geist, Gesundheit/Medizin, Sex, Arbeit, Sport, Freizeit und Kinder.[257] Für diese und noch weitere Lebensbereiche gibt es bereits Angebote und Möglichkeiten, seine bisherige Lebensweise zu verändern. Trendsportarten wie Yoga, alternative Medizin wie Homöopathie und einzelne religiöse und spirituelle Ansichten und Richtungen versuchen den Fokus auf Körper und Seele zu verlagern und bei der Entschleunig zu unterstützen.[258] Die Ziele solcher Gruppierungen und deren Ansätze sind nah an denen der Slow Food Organisation orientiert. Alle Gruppen des Slow Movements haben außerdem eine kritische Haltung gegenüber der Globalisierung:

> *Inevitably, the Slow movement overlaps with the anti-globalization crusade. Proponents of both believe that turbo-capitalism offers a*

253 Honoré: In Praise of Slowness, S. 14.
254 Ebd., S. 15.
255 Vgl. ebd.
256 Miedema: Slow Reading, S. 42.
257 Vgl. ebd.
258 Vgl. Honoré: In Praise of Slowness, S. 16.

> *one-way ticket to burnout, for the planet and the people living on it. They claim we can live better if we consume, manufacture and work at a more reasonable pace.*[259]

Dabei wird weder das Abschaffen des Kapitalismus, noch die vollständige Ablehnung der Globalisierung gefordert. Stattdessen geht es um die Anpassung des Kapitalismus an neue Bedürfnisse: »Slow capitalism might mean lower growth, [...] but the notion that there is more to life [...] is gaining currency [...].[260] Die geforderten Veränderungen des Slow Movements könnten jedoch weitreichende Folgen nach sich ziehen, denn »to get full benefit from the Slow movement, we need to go further and rethink our approach of everything.«[261] Carl Honorés Ziel ist eine komplette Revolution des modernen Lebensstiles in allen Lebensbereichen.[262] Doch dem Slow Movement stehen nicht nur das heutige Verlangen nach dem schnellen Leben, der übermäßige Konsum und der Druck der Umwelt auf die zu funktionierende Einzelperson als Hindernisse gegenüber.

> *Ultimately, the success of the Slow movement will depend on how smoothly it can reconcile people like me with decelerators of a more spiritual bent. It will also depend on the economic case for saying no to speed. How much, if any, material wealth will we have to sacrifice, individually and collectively, in order to live Slow?*[263]

Die Begeisterung für das Slow Movement könnte an den persönlichen Opfern des Einzelnen scheitern. Wenn nicht genügend Menschen bereit sind, für neue Verhältnisse einzustehen, bliebe das Slow Movement eine kleine Gruppe von Privilegierten, die es sich aus den verschiedensten Gründen leisten könnten, ihr Leben zu verändern.[264] Eine weitere Gefahr für das Slow Movement ist die noch immer negative Konnotation des Wortes langsam. »In our hyped-up, faster-is-better culture, a turbocharged life is still the ultimate trophy on the mantelpiece.«[265] Oftmals wird mit Stolz von der übervollen

259 Ebd., S. 17.
260 Ebd., S. 278.
261 Ebd., S. 17.
262 Vgl. ebd.
263 Ebd., S. 48.
264 Vgl. ebd., S. 48 f.
265 Vgl. Honoré: In Praise of Slowness, S. 49.

Arbeitswoche, den geleisteten Überstunden und den After-Work-Activities berichtet. Das eigene Selbstwertgefühl richtet sich nach der geleisteten Arbeit, nach der Schnelligkeit und der Masse der in einer Woche erledigten Termine oder Sporteinheiten und dabei geht unter anderem die Eigenschaft, auf sich selbst zu hören, verloren.[266] Vielleicht ist die größte Herausforderung sogar »to fix our neurotic relationship with time itself.«[267]

Das Slow Movement ist eine »global reaction against acceleration«[268] und kommt dem Bedürfnis nach mehr Selbstbestimmung in der Zeiteinteilung entgegen. Die einzelnen Gruppierungen versuchen im Kleinen damit anzufangen, wieder selbst zu entscheiden, wie viel Zeit man sich für die einzelne Sache nimmt. »Slow activists are forging links, building momentum and honing their philosophy through international conferences, the Internet and the media.«[269] Meistens handelt es sich dabei um nationale Vereinigungen. Zu den größten zählen der 1999 gegründete *Sloth Club* in Japan und die *Long Now Foundation* in den USA. Im selben Jahr, in dem Honorés Werk erschien, veranstaltete die Stadt Canberra in Australien das erste Slow Festival. Gemeinsame Spaziergänge, Lesungen, Vorträge, Meditationsübungen und ausgedehntes gemeinsames Essen sind nur einige Beispiele des Festivalprogramms.[270] In Kanada vertritt die Gruppe *SlowBiz* »the case for deceleration in the corporate world.«[271] Auch in den USA und in Europa gibt es neue Gruppen von Menschen, die die Geschwindigkeit ihres Lebens verringern möchten.[272] Die älteste und führende Gemeinschaft des internationalen Slow Movements ist der *Verein zur Verzögerung der Zeit*.[273] Der vor allem im deutschsprachigen Raum aktive Verein wurde bereits 1990 von Em. O. Univ.-Prof. Dr. Peter Heintel mit dem Ziel, »einen reflektierten Umgang mit Zeit auf kollektiver Basis anzuregen und neue Formen des Umgangs mit dem Phänomen Zeit anzustreben,«[274] gegründet. Um ihre Absicht besser zu verdeutlichen, hat die Gemeinschaft einen eigenen Begriff geprägt: Eigenzeit. »In other words, every living being, event, process or object has its own in-

266 Honoré: In Praise of Slowness, S. 49.
267 Ebd.
268 Miedema: Slow Reading, S. 42.
269 Honoré: In Praise of Slowness, S. 17.
270 Vgl. ebd., S. 313.
271 Ebd., S. 314.
272 Vgl. ebd., S. 313 f.
273 Vgl. ebd., S. 37.
274 Verein zur Verzögerung der Zeit. Webseite. Über den Verein. Geschichte. URL: http://www.zeitverein.com/ueber-den-verein/geschichte/ [19.05.2016].

herent time or pace, its own *tempo gusto.*«[275] Im Gegensatz zu Slow Food oder anderen Gruppierungen umfasst deren Ideologie alle Bereiche des Lebens und jeder muss selbst entscheiden, wann und wobei eine Verlangsamung Sinn ergibt.

> *If a Society member is a doctor, he might insist on taking more time to chat to his patients. A management consultant could refuse to answer work calls on the weekend. A designer might cycle to meetings instead of driving.*[276]

Mitglieder verpflichten sich laut Statut »zum Innehalten, zur Aufforderung zum Nachdenken dort, wo blinder Aktivismus und partikulares Interesse Scheinlösungen produzieren.«[277]

Es gibt diverse Publikationen der Mitglieder und das Forumsblatt *Die Zeitpresse*. Ein jährliches Symposium rundet das Angebot für Anhänger ab und bietet die Möglichkeit, sich auszutauschen und an Vorträgen teilzunehmen.[278] Die jährlich in Wagrain stattfindende Konferenz des Vereines wird dann zum »launch pad for the Slow philosophy.«[279] In den letzten Jahren ist nicht nur die Mitgliederzahl gestiegen, sondern auch das Interesse am Verein, dessen Expertise und Publikationen:

> *In den letzten Jahren wurde der Verein zur Verzögerung der Zeit immer häufiger von verschiedenen Institutionen um Stellungnahmen und Beurteilungen gebeten zu verschiedenen gesellschaftlichen Entwicklungen. Damit hat sich der Zeitverein auch zu einem Pool an Zeit-Experten entwickelt, deren Meinung und Rat als Sachverständige in wachsendem Maße gefragt ist.*[280]

275 Honoré: In Praise of Slowness, S. 38.

276 Ebd.

277 Verein zur Verzögerung der Zeit. Webseite. Mitgliedschaft. Statuten. URL: http://www.zeitverein.com/mitgliedschaft/statuten.html [24.02.2016].

278 Vgl. Verein zur Verzögerung der Zeit. Webseite. Mitgliedschaft. URL: http://www.zeitverein.com/ueber-den-verein/mitgliedschaft/ [19.05.2016].

279 Honoré: In Praise of Slowness, S. 37.

280 Verein zur Verzögerung der Zeit. Webseite. Zeitverein. Netzwerk. URL: http://www.zeitverein.com/zeitverein/netzwerk.html [24.02.2016].

Das Beispiel dieses Vereins zeigt, welches große generelle Interesse am Slow Movement und dessen Idealen besteht und wie sich dadurch dessen Verbreitung in den letzten Jahren entwickeln konnte.

4.2 Slow Food

Ein weiterer Indikator für das zu schnelle Leben ist das Verkommen der Esskultur. Carl Honoré sieht dessen Beginn in der Industrialisierung: »Hurry took its place at the dinner table during the Industrial Revolution.«[281] Zeit wurde kostbar und bei immer länger werdenden Arbeitstagen wurde die Zeit für ein gemeinsames, ausgedehntes Mittag- oder Abendessen knapp. Bereits in der Mitte des 19. Jahrhunderts gab es erste Ansätze zur Rationalisierung der Hausarbeit. Verschiedene Arbeitsvorgänge wurden exakt geplant, um dadurch Zeit sparen zu können.[282] 1886 brachte das Schweizer Unternehmen *MAGGI* die erste kochfertige Suppe auf den Markt und bereits im nachfolgenden Jahr gab es 22 weitere Sorten. Fertiggerichte wurden immer beliebter und zu zahlreichen Konserven kamen Anfang der 1960er-Jahre Produkte wie Instantnudeln und *Uncle Ben's* Reis, der nur fünf Minuten Kochzeit benötigte, dazu. »As life got faster, people rushed to replicate the convenience of fast food at home.«[283] Lebensmittel wurden nicht mehr nach deren Qualität oder Herkunft ausgewählt, sondern nach der Zeit, die man für ihre Zubereitung brauchen würde. Spätestens Anfang der 1970er stellte schnelle Essenszubereitung dank der weiten Verbreitung der Mikrowelle kein Problem mehr dar.[284] Zusätzlich zu den vielen aufkommenden Fertigprodukten stieg die Zahl der Schnellrestaurants, die auch das Auswärtsessen zu einer zeitsparenden Angelegenheit machten. Der Begriff Fast Food wurde kennzeichnend für die Esskultur einer ganzen Generation. Auch wenn schon andere Schnellrestaurants die neuen Bedürfnisse der Bevölkerung zu bedienen versuchten, wurde keines ein solches Symbol für Fast Food wie *McDonald's*. Das Unternehmen konnte sich bereits 13 Jahre nach der Gründung über die USA hinaus ausweiten und Filialen in Kanada und Puerto Rico eröffnen.[285] Der Einfluss der Industrialisierung ist demnach noch heute zu spüren und das Essverhalten ist

281 Honoré: In Praise of Slowness, S. 54.

282 Vgl. Dörr, Gisela: Der technische Rückzug ins Private. Zum Wandel der Hausarbeit. Frankfurt am Main: Campus Verlag 1996, S. 97.

283 Honoré: In Praise of Slowness, S. 56.

284 Vgl. ebd.

285 Vgl. McDonald's. Webseite. Über uns. Geschichte. URL: http://www.mcdonalds.de/uber-uns/geschichte [08.02.2016].

noch immer von dem schneller werdenden Alltag beeinflusst. Große Fast-Food-Ketten konnten sich bis heute durchsetzen – wenn auch mit schwankenden Umsätzen – und Supermärkte sind voll von Fertiggerichten für die Mikrowelle, Konserven- oder Tiefkühlessen, geschnittenem Obst und Gemüse, Salaten und anderen verpackten Ein-Mann-Portionen. Wenn Zeit (und Lust) zum Kochen fehlen, gibt es demnach zahlreiche Möglichkeiten, schnell und preiswert an Mahlzeiten zu gelangen. Das darunter nicht nur die Qualität der Lebensmittel leidet, ist eine logische Schlussfolgerung.

Die Konsequenzen des Konsum- und Essverhaltens adressiert die Non-Profit-Organisation Slow Food und versucht die Bevölkerung darauf aufmerksam zu machen.[286] »Since its beginnings, Slow Food has grown into a global movement involving millions of people in over 160 countries [...]«[287] und legte damit den Grundstein für das Slow Movement.[288]

Carlo Petrini, Gründer der Slow Food Bewegung, sah sich in den 1980er-Jahren mit vielen kulturellen Veränderungen konfrontiert. Die wachsende Globalisierung sorgte für internationale Verflechtungen und auch die Esskultur der einzelnen Länder veränderte sich und wurde durch Spezialitäten anderer erweitert. Besonders die dominante Wirtschaftsmacht USA überführte unter anderem deren Lebensstil sowie Ess- und Trinkgewohnheiten. Viele südeuropäische Länder definieren sich jedoch durch ihre traditionelle Küche, ihre regionalen Rezepte und ausgedehnte Mahlzeiten mit der Familie und Freunden. Trotzdem eröffnete die Fast-Food-Kette *McDonald's* 1985 das erste Restaurant Italiens in Bozen und am 20. März 1986 wurde bereits die zweite Filiale in Rom auf dem Spanischen Platz eröffnet.[289] Als Gegenreaktion wurde die Slow Food Bewegung geboren.[290] Der Italiener Carlo Petrini gründete schon Anfang der 1980er zusammen mit jungen Aktivisten die Vereinigung *Arcigola*, den Vorläufer des Slow Food Movements, um den genannten Tendenzen entgegenzuwirken. Das Ziel war, »Wissen und Kenntnisse zu verbreiten und Produkte bekannt zu machen, sie wollten Neugier gegenüber Nahrungsmitteln und Wein wecken und zu bewusstem, überleg-

286 Vgl. Slow Food. Webseite. About us. URL: http://www.slowfood.com/about-us/ [22.02.2016].

287 Ebd.

288 Vgl. Miedema: Slow Reading, S. 43.

289 Vgl. McDonald's. Italienische Webseite. L'Azienda. Chi Siamo. URL: http://www.mcdonalds.it/azienda/storia [30.01.2016].

290 Vgl. Slow Food. Webseite. About us. Our history. URL: http://www.slowfood.com/about-us/our-history/ [30.01.2016].

tem Konsum anregen.«[291] 1989 hatte *Arcigola* bereits 11.000 Mitglieder und den Beinamen Slow Food angenommen. Im Dezember 1989 wurde die internationale Slow Food Bewegung in Paris gegründet und das *Slow-Food-Manifest* unterzeichnet.[292] Von da an verbreitete sich Slow Food über die Grenzen Italiens hinaus. Kurz darauf gründeten sich bereits nationale Organisationen. In Deutschland wurde schon 1992 der Verein Slow Food Deutschland gegründet.[293]

Die Organisation sollte jedoch von Anfang an mehr als eine bloße Gegenbewegung zum Fast-Food-Trend sein: »[...] with the initial aim to defend regional traditions, good food, gastronomic pleasure and a slow pace of life«[294] beschäftigt sich Slow Food mit mehreren Themen und hinterfragt nicht nur die Produktion, die Verwertung und den Konsum von Essen kritisch, sondern setzt schon bei der Aufzucht der Tiere und dem Anbau der Nahrungsmittel an.[295] Ein weiterer wichtiger Punkt ist »die kritische Haltung gegenüber der beginnenden Globalisierung.«[296] Bei Slow Food geht es grundsätzlich und in erster Linie darum,

> *der Ernährung die ihr zustehende Bedeutung beizumessen und die zahlreichen Rezepte und Geschmacksnuancen schätzen zu lernen, die Herkunft und die Hersteller der Produkte zu kennen und den Rhythmus der Jahreszeiten sowie die Bedeutung der verschiedenen Essrituale zu respektieren.*[297]

Diese Ansichtsweise begründet sich auf der Überzeugung, dass das Essen ein wichtiger und vor allem wesentlicher Bestandteil des Lebens ist und dadurch nicht nur die Gesundheit, sondern auch die Lebensqualität maßgeblich beeinflusst wird.[298] Neben all dem sollen aber auch Langsam- und Geselligkeit Einzug in die heimischen Küchen erhalten.[299] Slow Food wurde innerhalb von nur drei Jahren zu einer weltweiten Bewegung,

291 Petrini: Slow Food, S. 21.

292 Vgl. ebd., S. 24.

293 Vgl. Slow Food. Deutsche Webseite. Wir über uns. Slow Food Deutschland. Der Verein. URL: https://www.slowfood.de/wirueberuns/slow_food_deutschland/der_verein/ [29.02.2016].

294 Slow Food. Webseite. About us. Our history. URL: http://www.slowfood.com/about-us/our-history/ [30.01.2016].

295 Vgl. Honoré: In Praise of Slowness, S. 59.

296 Petrini: Slow Food, S. 24 f.

297 Ebd., S. 7.

298 Vgl. ebd.

299 Vgl. ebd., S. 23 f.

> *mit dem Ziel [...], rund um die Erde eine Kultur des Essens und Trinkens wiederzubeleben, Produkte bekannt zu machen, die Agrarwirtschaft vor der Umweltzerstörung zu retten, die Konsumenten zu vertreten, sich für eine umweltbewusste Produktion einzusetzen und den gastronomischen Genuss und die Geselligkeit zu fördern.*[300]

Es gibt einen internationalen Newsletter, den jedes Mitglied erhält, Publikationen der nationalen Organisationen und das vierteljährlich in fünf Sprachen erscheinende Magazin *Slow*.[301] Zusätzlich zu den vielen verschiedenen Publikationen werden vor allem von den nationalen Organisationen Workshops und andere gemeinschaftliche Aktivitäten organisiert.[302] Einmal jährlich im Frühling findet zusätzlich in Stuttgart die Slow Food Messe statt.[303] 2004 eröffnete Slow Food die erste eigene Universität in Italien: »Die Universität der gastronomischen Wissenschaften (UNISG), [ist] die erste Hochschule der Welt, die sich ganz der Lebensmittelkultur widmet [...]."[304] Mit den Zielsetzungen und der umfassenden Aufklärung, die Slow Food durch ihre Publikationen und Messen betreibt, versuchen sie mehr Anhänger und damit Gegner der modernen Massenproduktion zu gewinnen. Mit dem Slow Food Preis zeichnet die Organisation Produzenten aus, »die unerkannt im Interesse der Artenvielfalt und zur Rettung von Nahrungsmitteln und Produktion arbeiten.«[305] Ein wichtiges Ziel bezieht sich auf den gastronomischen Genuss und bietet damit eine direkte Parallele zum Slow Reading. Der Genuss und die in Gefahr geratene Geselligkeit sollen gefördert werden.[306] Dafür soll sich beim Herstellen und beim Genießen von Speisen Zeit genommen werden. Es geht weniger um den Gegensatz von langsam und schnell, sondern eher um das bewusste Kochen und das bewusste Essen, Schmecken und Genießen.[307]

300 Ebd., S.25.
301 Vgl. Honoré: In Praise of Slowness, S. 60.
302 Vgl. ebd.
303 Vgl. Slow Food. Internationale Webseite. Conviva in Germany. URL: http://www.slowfood.com/nazioni-condotte/germany/ [22.02.2016].
304 Slow Food. Deutsche Webseite. Über die Universität der gastronomischen Wissenschaften. URL: https://www.slowfood.de/w/files/pdf/presentazione_unisg_deu.pdf [22.02.2016].
305 Petrini: Slow Food, S.127.
306 Vgl. ebd., S.29.
307 Vgl. ebd., S.50.

Es geht um Aufmerksamkeit gegenüber der Wahl von Zutaten und der Geschmacksabfolge, um Aufmerksamkeit bei der Zubereitung eines Gerichts gegenüber unseren Geschmacksnerven, beim Anrichten der Speisen und gegenüber der Gesellschaft, in der wir eine Mahlzeit zu uns nehmen.[308]

Slow Food versucht »de[n] Virus des Fast Life mit allen seinen Nebenwirkungen vorzubeugen«[309] bzw. dessen Folgen zu bekämpfen. Die Ideale der Slow Food Anhänger gehen über das Thema Essen hinaus und beschäftigen sich mit den verschiedenen kulturellen Folgen der Globalisierung und den Veränderungen des Alltages. Slow Food nimmt es sich zur Aufgabe, die Bevölkerung darauf aufmerksam zu machen, wie sehr sie die Natur, die Kultur, die Gesellschaft und auch die Politik mit ihren Entscheidungen bezüglich der gekauften Lebensmittel beeinflussen kann:

Dreimal am Tag, bei jeder Mahlzeit, treffen wir Entscheidungen mit weitreichenden Konsequenzen. Unser Essen ist untrennbar verknüpft mit Politik, Wirtschaft, Gesellschaft, Kultur, Wissen, Landwirtschaft, Gesundheit und Umwelt.[310]

Dabei ist auch für Petrini mit Slow Food nur der Anfang geschaffen: »Petrini thinks this is a good starting point for tackling our obsession with speed in all walks of life.«[311] Mit den entschleunigenden Idealen bildet Slow Food nicht nur die Grundlage für das gesamte Slow Movement, sondern auch für Slow Reading:

How we take information, deep thought or artistic verbal expression into our consciousness is surely at least as critical as how we ingest the food we take into our bodies. Perhaps the slow food movement that started in Italy in 1986 can be our guide in the world of reading as well.[312]

308 Petrini: Slow Food, S. 127.

309 Ebd., S. 30.

310 Slow Food. Deutsche Webseite. Wir über uns. Unsere Philosophie. URL: https://www.slowfood.de/slow_food_youth_deutschland/unsere_philosophie/ [02.02.2018].

311 Honoré: In Praise of Slowness, S. 59.

312 Buzzell, Linda: In Praise of Slow Reading. In: Huffpost Healthy Living vom 21. Dezember 2015. URL: http://www.huffingtonpost.com/linda-buzzell/in-praise-of-slow-reading_b_8855632.html [22.01.2016].

5 SLOW READING

5.1 Ursprünge

5.1.1 Lesepraktiken in der Antike und der religiöse Umgang mit dem Lesen

Die Geschichte des Lesens und die Parallelen zwischen antiken und mittelalterlichen Lesetechniken und dem Slow Reading werden mit Hilfe einiger Aufsätze aus *Lesen. Ein interdisziplinäres Handbuch* dargestellt und hergeleitet. Da es nur wenige Anhaltspunkte von John Miedema[313] für einen Ursprung des Slow Readings in der Antike und im Mittelalter gibt, handelt es sich bei den Ergebnissen dieses Abschnittes um interpretative Schlussfolgerungen. In religiösen Lesepraktiken sehen neben Miedema auch David Mikics[314] und Thomas Newkirk[315] einen Ursprung und tragen damit zur wissenschaftlichen Grundlage dieses Abschnittes bei.

Wie in so vielen Bereichen unserer westlichen Kultur ist auch Slow Reading von altertümlichen und religiösen Praktiken und besonders durch den Umgang mit heiligen Schriften beeinflusst. »That deep reading has sacred and reverential qualities is no surprise, for books have their roots in the codex, first adopted by early Christian communities as a vehicle for the Bible.«[316] Bevor sich der Codex jedoch als Hauptform des Geschriebenen durchsetzen konnte, war die Buchrolle aus Papyrus das Hauptlesemedium der Antike. Dieses Medium begleitete auch die Entstehung einer ersten literarischen Lesekultur im 5. und 4. Jahrhundert v. Chr. und wird erst im 5. Jahrhundert n. Chr. vollständig vom Codex abgelöst.[317] Der Text wird in

313 Miedema: Slow Reading.
314 Mikics: Slow Reading in a Hurried Age.
315 Newkirk: The Art of Slow Reading.
316 Miedema: Slow Reading, S. 8.
317 Vgl. Luz: Die Buchrolle und weitere Lesemedien in der Antike, S. 259 f.

der Buchrolle in mehreren sogenannten Kolumnen zusammengefasst, die sich in ihrer Form gleichen und selten nummeriert sind. Der Leser hat demnach eine große Fläche an beschriebenem Papyrus vor sich und keine vorgegebene Hilfe, um sich im Text besser orientieren oder pausieren zu können. Durch die Form der Rolle muss der Leser zusätzlich beide Hände zum Ab- und Wiederaufrollen benutzen und kann auch diese nicht zur Unterstützung des Leseprozesses nutzen. Dadurch entsteht eine besondere Dynamik beim Lesen oder beim Vorlesen. Die lange Abfolge der Kolumnen und das Vorwärtsrollen führen zu einem stetigen Fortschreiten im Text und der Leser kommt ohne Unterbrechungen aus. Durch die Form der Papyrusrolle und durch die Einbindung beider Hände kann der Leser außerdem kaum einer weiteren Beschäftigung nachgehen.[318] Diese Konzentration auf nur eine Tätigkeit ist ein wichtiges Anliegen des Slow Movements und auch beim Slow Reading soll sich ausschließlich auf die Lektüre konzentriert werden. Der Lesetrend bedient sich demnach unter anderem bei dem Leseverhalten der ältesten literarischen Lesetradition. Dabei wurde zwar auch schon eigenständig und leise gelesen, aber das Vorlesen, Vortragen oder das Zuhören sind die vorherrschenden Formen des Lesens in der Antike und werden in Kapitel 5.3 ebenfalls als Methoden des Slow Readings aufgeführt. Bei allen antiken Kulturen handelt es sich primär um orale Kulturen. Die Bedeutung des Geschriebenen konnte erst in der Spätantike zunehmen.[319] Durch die Eroberung Alexanders des Großen »brach für die griechische Buch- und Lesekultur eine neue Ära an.«[320] In den neuen hellenistischen Königreichen nahm die Bedeutung von Schriftlichkeit enorm zu, da die Verwaltungen schriftlich organisiert wurden. Literatur und Wissenschaft gewannen an Bedeutung und dadurch erlangte das Buch neue Relevanz. Deswegen entstand unter anderem zu Beginn des 3. Jahrhunderts v. Chr. die bis dahin größte Bibliothek, die Bibliothek von Alexandria.[321]

Für Slow Reading ist vor allem der Späthellenismus von Bedeutung, denn in dieser Zeit kam erstmals Interesse an Romanen mit fiktiven Abenteuer- oder Liebesgeschichten auf.[322] Im Römischen Reich florierte die Vorlesekultur und »die persönliche Beschäftigung mit Literatur und Büchern [war] ein wichtiger Aspekt des politischen und gesellschaftlichen Lebens der römi-

318 Vgl. Luz: Die Buchrolle und weitere Lesemedien in der Antike, S. 264.

319 Vgl. Hartmann: Antike und Spätantike, S. 704–708.

320 Ebd., S. 709.

321 Vgl. ebd.

322 Vgl. ebd., S. 711.

schen Aristokratie.«[323] Es wurden oftmals Veranstaltungen abgehalten, bei denen Autoren selbst oder mit Hilfe von Vorlesern ihre noch nicht fertiggestellten oder im Entstehen begriffenen Werke vortrugen. Lesungen fanden dabei in Privathäusern von Autoren, in Bibliotheken oder Auditorien statt, deren Anzahl stetig wuchs.[324] Dieser gesellige Umgang mit Lesen konnte bis in die Moderne hinein bestehen, geht aber heutzutage immer weiter zurück. Die gemeinsame Lesekultur und den sozialen Aspekt des Lesens wieder aufleben zu lassen, ist unter anderem ein Ziel des Slow Readings.

Der Pergamentcodex stellte eine erste größere Veränderung des Lesemediums dar und wurde erstmals im späten 1. Jahrhundert n. Chr. verwendet. Der Codex konnte als neue Buchform aber erst im 4. Jahrhundert n. Chr. an großer Beliebtheit dazugewinnen und löste die Papyrusrolle ein Jahrhundert später vollständig ab. Die Verbreitung des neuen Mediums hing, wie zu Beginn des Kapitels erwähnt, zu großen Teilen mit der Verbreitung des Christentums zusammen. Mit der vollständigen Christianisierung des Römischen Reiches änderte sich auch die Leselandschaft maßgeblich. Christliche Lehren und Schriften beeinflussten das Leseverhalten fortan besonders.[325]

> *Aus dem extensiven, breit gefächerten Lesen der hohen Kaiserzeit wurde in der Spätantike ein intensives Lesen. Die Lektüre der heiligen Texte und der Schriften der Kirchenväter stand nun im Vordergrund. Das Memorieren der Texte und die kontemplative Versenkung waren angestrebtes Ziel der Lektüre, wozu auch die eigenständige Glossierung und Abschrift der Texte gehörte.*[326]

Erste Spuren findet man um ca. 200 n. Chr. in Israel. Dort diskutierten Rabbis und weitere Textkundige die Geschichten und Charaktere, die in der Bibel beschrieben sind.[327] »[T]hese early readers also attended to details in a careful way that still speaks to us today.«[328] In diesem intensiven Beschäftigen mit einem Text findet sich ein wichtiger Ursprung des Slow Readings. Bei beiden Lesearten geht es um einen intensiven Zugang zum Text und um ein tiefes Verstehen. Seit dem 4. Jahrhundert n. Chr. wurde diese neue

323 Ebd., S. 712.
324 Vgl. ebd.
325 Vgl. ebd., S. 714 f.
326 Ebd., S. 715.
327 Vgl. Mikics: Slow Reading in a Hurried Age, S. 33.
328 Ebd.

Leseart durch das entstehende Mönchstum ausgedrückt und gelebt. Durch die Regeln der klösterlichen Gemeinschaft wurde die Lektüre der heiligen Schriften sowie deren Abschrift fest im Christentum verankert. Die Schrift- und Lesekultur zog sich als Konsequenz in die Mönchsgemeinschaften der Klöster und in die Kirchen zurück.[329] Daraus entwickelte sich ein meditierendes Lesen heiliger Texte, das Mönchen ab dem beginnenden 6. Jahrhundert n. Chr. auferlegt wurde.[330]

> *Es bietet im wiederholen, halblaut murmelnden ›Wiederkäuen‹ der Worte (›ruminatio‹) eine das Mittelalter überdauernde Form monastischer Meditation (vgl. Heinzer 2010), bei der sich die physische Aktivität und die Aufnahme des Worts in die Tiefe der Psyche miteinander verbinden. [...] Hier gewinnt das Lesen die Bedeutung geistlicher ›Speise‹.*[331]

Diese Leseart wird auch heute noch oft in religiösen Zusammenhängen verwendet, denn die heiligen Schriften der Religionen verdienen in deren Ansicht eine ganz besondere Aufmerksamkeit. Im Judentum verspricht der Leser beispielsweise nach dem Studium der Heiligen Schrift laut, dass er zu dieser zurückkommen werde:

> *After finishing study of a tractate of the Talmud, each reader recites the pledge, ›We will return to you‹, followed by the name of the tractate, and then, ›You will return to us.‹ [...] The essential promise is that a book we have cared about will be a continued presence in our lives.*[332]

Oftmals gehört neben dem häufigen Wiederholen auch das Auswendiglernen einzelner Textstellen dazu, was ebenfalls das bessere Verständnis des Textes zum Ziel hat. Mikics hält das wiederholte Lesen der Lieblingsbücher für einen wichtigen Teil des Slow Readings, der sich seit Jahrhunderten bewährt:

> *When I tell you to reread your favourite books, I am recommending that you do what groups of readers in religious communities have done for many centuries. Canonical religious texts have become familiar through*

329 Vgl. Hartmann: Antike und Spätantike, S. 715 f.

330 Vgl. Griese/Henkel, Nikolaus: Mittelalter, S. 724.

331 Ebd.

332 Mikics: Slow Reading in a Hurried Age, S. 49.

> *constant rereading, and, as a result, they bind communities together. But any book, not just the Bible or Koran or other sacred volume, can become an individual scripture and offer sustenance: a source of trust to the individual who feels impelled to reread it.*[333]

Thomas Newkirk hält »biblical reading«[334] gar für »the most essential, profound, long-standing form of slow reading.«[335] John Miedema sieht auch im Inhalt der Bibel Metaphern, die mit den Ideen des Slow Readings vergleichbar sind, und in dem wiederkehrenden Motiv des Essens der Bücher eine Form davon.[336]

> *The books of the Bible describe acts of slow reading in the form of bibliophagy, the symbolic eating of the book to gain deep comprehension of a spiritual idea. [...] Eating a book symbolizes a deep and personal internalization of an idea, an intimate act with transformative power.*[337]

Die Metapher »ein Buch zu essen« wird auch im oben genannten Zitat deutlich, wenn das Lesen als »geistliche Speise«[338] bezeichnet wird. Für Newkirk führt gerade das mittelalterliche Lesen der Bibel zu einer weiteren engen Beziehung zwischen Leser und Text, die bisher unerwähnt ist: »[...] can reading ever be as sweet or concentrated as it was when books were rare, when for centuries in Western culture the Bible was an inexhaustible source of meaning and inspiration [...].«[339]

Dieses beschriebene intensive Lesen, welches den Inhalt besser erschließen soll, findet neben den schon erwähnten Klöstern und Kirchen auch in institutionalisierten Orten, wie in Lateinschulen und im späten Mittelalter in den Artistenfakultäten der Universitäten statt.[340] Das Leseverhalten blieb bis in die frühe Neuzeit bestehen, später gab es jedoch viele Faktoren, die es nachhaltig veränderten. Eine wachsende Medienvielfalt durch den Buchdruck und der religiöse Umbruch der Reformation sorgten für eine sich wandelnde Lesegesellschaft.

333 Ebd., S. 48 f.
334 Newkirk: The Art of Slow Reading, S. 187.
335 Ebd.
336 Vgl. Miedema: Slow Reading, S. 8 f.
337 Ebd.
338 Griese/Henkel: Mittelalter, S. 724.
339 Newkirk: The Art of Slow Reading, S. 40.
340 Vgl. Griese/Henkel: Mittelalter, S. 724.

Auch während der Aufklärung gab es einige Veränderungen im Leseverhalten, aber vor allem während des Pietismus wurde eine neue, spezifische Lesepraxis formiert.[341] Für die gesamte Zeit der Reformation ergibt sich ein neues Ziel des Lesens: »Im Zentrum des Leseprozesses stehe als neues Erleben nun die spirituelle Erfahrung, unabhängig von der Religionszugehörigkeit des Lesers.«[342] Der Lektürestoff der Frühen Neuzeit wird nach wie vor von religiösen Schriften dominiert; Gebetbücher erfuhren zwischen 1550 und 1700 eine umfassende Verbreitung im bürgerlichen Publikum. Auch bei vor allem protestantischen, städtischen und ländlichen Schichten gehörten Gebetbücher, die Bibel, Postillen, Psalmen- und Predigtsammlungen und Erbauungsliteratur zum beliebtesten Lesestoff und wurden wiederholt rezipiert.[343] Der Pietismus ist die wichtigste protestantische Bewegung. Sie fand im letzten Drittel des 17. Jahrhunderts statt »und führte zu einer spezifischen Ausprägung von religiöser ›Massenliteratur‹.«[344] Lesen war im Pietismus noch immer ein Akt der Frömmigkeit, galt allerdings zunehmend als identitätsstiftende Handlung. Zum Zweck der Selbstvergewisserung erlangten das eigene Schreiben autobiographischer Texte und Tagebücher und das Lesen fremder Tagebuchaufzeichnungen und pietistischen Gedankenguts einen hohen Stellenwert.[345] Zusätzlich schloss der »pietistische Bildungsgedanke [...] das Lesen von Büchern als wichtiges Ziel in der Sozialisation von Jungen wie Mädchen ein.«[346] Als missionarische Pflicht galt auch das Verschenken oder günstige Verkaufen von Erbauungsliteratur.[347] Im Pietismus befindet sich daher ein weiterer Ursprung des Slow Readings, denn es geht um die intensive Beziehung zum Text und um dessen identitätsstiftende Eigenschaft. Noch heute bietet der religiöse Umgang mit Texten allen voran mit heiligen Schriften der verschiedenen Religionen einen intensiven Zugang und verschiedene Methoden, um das Gelesene besser zu verstehen.

In der Moderne tritt jedoch noch eine zweite Art der intensiven Textlektüre hinzu, die nicht auf religiösen Hintergründen, sondern auf wissenschaftlichen basiert: Die internationale Literaturwissenschaft bietet mehrere Theorien, die mit ähnlichen Lektürepraktiken und einem ähnlichen Textzugang arbeiten wie das Slow Reading.

341 Vgl. Schneider: Frühe Neuzeit, S. 740 f.
342 Ebd., S. 745.
343 Vgl. ebd., S. 746 f.
344 Ebd., S. 747. Anmerkung: Hervorhebung im Original.
345 Vgl. ebd., S. 747 f.
346 Ebd., S. 747.
347 Vgl. ebd.

5.1.2 Anfänge in der Literaturwissenschaft

Verschiedene literaturwissenschaftliche Theorien bilden einen wichtigen Ursprung des Slow Readings. Um diese im folgenden Abschnitt vorzustellen und mit Slow Reading in Verbindung zu setzen, wird auf zwei Standardwerke der Literaturwissenschaft zurückgegriffen: Ansgar Nünnings *Metzler Lexikon Literatur- und Kulturtheorie*[348] und Simone Winkos und Tilmann Köppes *Neuere Literaturtheorien.*[349]

Für John Miedema ist das Close Reading der literaturwissenschaftliche Vorreiter und auch Mikics stellt Slow Reading in eine Tradition mit Close oder Deep Reading.[350] Beim Close Reading geht es um ein sehr textnahes, detailliertes, gründliches und intensives Lesen eines Textes und dessen werkkonzentrierte Interpretation,[351] welche

> *von der Autonomie des Kunstwerks ausgeht, sämtliche Faktoren des Kontexts bewusst ausblendet und auf die Erschließung der sprachlichen Besonderheiten, formale Merkmale und Bedeutungsnuancen des jeweiligen Werks konzentriert ist.*[352]

Close Reading ist die Interpretationspraxis des New Criticism, wobei sich die Prinzipien der Konzentration auf den Text auch in der deutschen werkimmanenten Interpretation (Werkimmanenz), im Russischen Formalismus, in der französischen explication de texte und in der Dekonstruktion wiederfinden.[353] Im folgenden Abschnitt werden der New Criticism und die werkimmanente Interpretation vorgestellt. Beide Theorien zeigen viele Parallelen zum Slow Reading, welche zum Teil bereits in diesem Kapitel und zusätzlich in Abschnitt 5.2 beschrieben werden.

Der **New Criticism** gehört zu den bedeutendsten amerikanischen Literaturtheorien des 20. Jahrhunderts. Er wurde schon in den 1930er- und 1940er-Jahren konzipiert und erlangte von 1950 bis 1970 eine dominante Rolle.[354] Vor allem in der angloamerikanischen Literaturkritik, im Literaturun-

348 Metzler Lexikon Literatur- und Kulturtheorie. Ansätze – Personen – Grundbegriffe. 4. aktualisierte und erweiterte Auflage. Hrsg. von Ansgar Nünning. Stuttgart, Weimar: Verlag J.B. Metzler 2008.

349 Köppe, Tilmann/Winko, Simone: Neuere Literaturtheorien. Stuttgart, Weimar: Verlag J.B. Metzler 2008.

350 Vgl. Miciks: Slow Reading in a Hurried Age, S. 32f.

351 Vgl. Metzler Lexikon Literatur- und Kulturtheorie, S. 98.

352 Ebd.

353 Vgl. ebd., S. 536.

354 Vgl. Mikics: Slow Reading in a Hurried Age, S. 32.

terricht an Schulen und Universitäten der USA und in Westeuropa wuchs der Einfluss dieser Literaturtheorie.[355] Dem New Criticism werden unter anderem Arbeiten von Cleanth Brooks, William K. Wimsatt, John C. Ransom und William Empson zugeordnet.[356] Als geistige Ahnenherren und Vorläufer werden aber auch T. S. Eliot, »der als erster anglo-am[erikanischer] Kritiker die Eigengesetzlichkeit der Lit[eratur] (Autonomie) betonte«[357] und I. A. Richards, »der als erster die Notwendigkeit einer intensiven Textarbeit im Lit[eratur]unterricht erkannte,«[358] genannt. Dem New Criticism liegt dabei die Auffassung zu Grunde, dass

> *ein literarisches Werk eine kohärente, nicht paraphrasierbare Einheit bildet, die als von ihren Ursachen und Wirkungen unabhängig angesehen werden muss; überdies besteht weder die Funktion literarischer Werke in der Vermittlung von Einsichten oder Ideologien, noch kann ihr Wert auf dergleichen reduziert werden.*[359]

Diesem Grundsatz folgen mehrere Prinzipien im Umgang mit Literatur, die im New Criticism befolgt werden: Dem Text als Objekt kommt die wichtigste Bedeutung zu und auf ihm soll die gesamte Konzentration des Literaturwissenschaftlers, Lesers oder Kritikers ruhen. Es wird sich dabei ausschließlich auf dessen objektive Strukturen, also auf die Wörter, Wortmuster und deren geschichtliche Bedeutungen konzentriert. Alle historischen Kontexte, biografischen Hintergründe, Erfahrungen und Intentionen des Autors und auch die hervorgerufenen subjektiven *Respons* des Lesers werden bei der Interpretation jedoch nicht mit einbezogen.[360]

Close Reading, die dazugehörige Interpretationsmethode ist die sehr genaue, textnahe, gründliche und intensive Lektüre und Interpretation, die sich ausschließlich auf das sprachliche Werk konzentriert und, wie zuvor beschrieben, alles andere bewusst ignoriert.[361] »Ein wichtiges Interpretationsziel liegt demnach in der Erhebung des Bedeutungsspektrums einzelner Aus-

355 Vgl. Metzler Lexikon Literatur- und Kulturtheorie, S. 535.
356 Vgl. Köppe/Winko: Neuere Literaturtheorien, S. 39.
357 Metzler Lexikon Literatur- und Kulturtheorie, S. 535.
358 Ebd.
359 Köppe/Winko: Neuere Literaturtheorien, S. 44.
360 Vgl. Metzler Lexikon Literatur- und Kulturtheorie, S. 536.
361 Vgl. ebd., S. 98.

drücke, Verse oder Textteile, vor allem durch mikrostilistische Analysen.«[362] Und auch die Suche nach Mehrdeutigkeit ist ein wichtiges Ziel des Close Readings und damit des New Criticism.[363] Dieses zweite Prinzip der Theorie besagt, dass Close Reading sich nur bei Texten lohnt, »die vielschichtig, kompliziert und mit vielen Bedeutungsnuancen angereichert sind.«[364] Die Interpretationspraxis war an amerikanischen und englischen Universitäten ab den 1930er Jahren bis in die 1970er vorherrschend und wird auch heute noch gerne in geisteswissenschaftlichen Studiengängen als Ansatz gelehrt und verwendet.[365] Miedema sieht im Close Reading einen geisteswissenschaftlichen Vorreiter des Slow Readings. In seinem Werk widmet er ein Kapitel der Herkunft des Slow Readings und kommt zu dem Schluss, dass es nicht nur eine religiöse Form des langsamen Lesens, sondern auch eine wissenschaftliche gibt:

> *›The Personal Nature of Slow Reading‹ [Titel des Kapitels], traces the practice of slow reading back to the symbolic eating of books by prophets in the Bible. Later on, the technique of close reading was adopted by scholars as a way to extract the many layers of meaning from a complex text.*[366]

Die Interpretationsform des Close Readings weist dabei viele Parallelen zum Slow Reading auf, denn bei beiden geht es um das bessere und ausführliche Verständnis des Textes und beide Arten der Lektüre arbeiten mit Genauigkeit. Miedema kritisiert allerdings den wissenschaftlichen Umgang mit Close Reading, denn dieser sei zu einseitig, zu kompliziert und zu elitär, als dass Studenten noch Spaß an der Interpretationsmethode haben könnten und diese so öfter eingesetzt werden würde.[367]

> *Learning this approach would take extended instruction and practice. Stereotypes suggest that literary readers are an elite group, applying techniques hardly amenable to pleasure reading. As such, close reading*

362 Köppe/Winko: Neuere Literaturtheorien, S. 45.
363 Vgl. Metzler Lexikon Literatur- und Kulturtheorie, S. 536.
364 Ebd.
365 Vgl. ebd., S. 98.
366 Miedema: Slow Reading, S. 2 f.
367 Vgl. ebd., S. 11.

> *becomes a professional practice, not a voluntary act. All of this is sufficient to ward off a reader curious about close reading for recreation.*[368]

Vor allem der Genuss und Spaß beim Lesen gehe verloren. Miedema zitiert Francine Prose,[369] die ihren Studenten mit Hilfe des Close Readings neue Techniken des Schreibens vermittelt und Close Reading generell als wahre Art des Lesens ansieht. Für sie startet jeder als Close Reader, denn Lesen lerne man langsam, Wort für Wort, Satz für Satz und durch Zuhören. Für Prose ist Close Reading die natürlichste Art des Lesens.[370] Miedema zieht daraufhin das Fazit: »The practice can be called close reading or slow reading or deep reading; it does not matter. Any variant of slow reading can be used to increase comprehension and pleasure in reading.«[371] Das generelle Bedürfnis, den Text besser zu verstehen und einen Zugang zum Geschriebenen zu finden, haben Close und Slow Reading gemeinsam.

> *He [Reuben Brower*[372]*] insisted that readers must take the time to get to know a book, to understand its rhythm and atmosphere, to figure out how it works. The first step in learning to read better, Brower emphasized, is to slow down.*[373]

Die Prinzipien des New Criticisms überschneiden sich dabei nicht nur mit denen des Slow Readings, sondern auch mit der **werkimmanenten Interpretation**, denn beide Theorien haben ähnliche Ansätze und eine ähnliche Bedeutung für den jeweiligen Sprachraum. Auch die werkimmanente Interpretation ist ein, während der ersten Hälfte des 20. Jahrhunderts sehr populärer Interpretationsansatz, zu dessen wichtigsten Vertretern Wolfgang Kayser und Emil Staiger gehörten. Diese schafften die programmatisch-theoretische Grundlage für die Werkimmanenz.[374] Sie ist die

368 Miedema: Slow Reading, S. 11.

369 Anmerkung: Francine Prose ist Professorin für Literaturwissenschaft am *Bard College* in Red Hook im US-Bundeststaat New York. Sie schreibt außerdem Romane, Sachbücher und Kurzgeschichten.

370 Vgl. Miedema: Slow Reading, S. 11 f.

371 Ebd., S. 12.

372 Anmerkung: Reuben Brower war Englisch Professor an der *Harvard University* und gehörte zu den Gründungsmitgliedern des Close Readings.

373 Mikics: Slow Reading in a Hurried Age, S. 33.

374 Vgl. Köppe/Winko: Neuere Literaturtheorien, S. 39.

> *dominierende formal-ästhetische Schule in der dt. Nachkriegszeit (Formale Ästhetik), welche die Forderung erhebt, das Dichtwerk als künstlerisches Produkt müsse allein aus dem Text heraus gedeutet werden.*[375]

Dass der Durchbruch erst nach 1945 gelang, kann mit der nationalsozialistischen Vergangenheit Deutschlands erklärt werden: Der Ansatz ermöglicht eine Arbeit mit literarischen Texten, die vollkommen frei von historischen Geschehnissen und der Biographie des Autors ist. Durch die Abkehr der historischen und biographischen Interpretationsweisen wurden unvoreingenommene Perspektiven auf die Literatur ermöglicht.[376] Voraussetzung für die werkimmanente Theorie ist, wie beim New Criticism, die Anerkennung des Werkes als ein stilistisch geschlossener und ästhetisch autonomer Gegenstand, dessen Wert in seinem spezifischen ästhetischen Wirkungspotenzial liegt und dessen Kontext kaum beachtet wird.[377] Wie beim Close Reading wurden Verfahren ermittelt, um eine intensive Textanalyse zu ermöglichen:[378] Um ein literarisches Werk zu interpretieren, muss als erstes eine ästhetische Erfahrung erfolgen.[379] In dieser ersten Phase der Interpretation muss der Leser »durch das Werk affektiv angesprochen werden und einen gefühlsmäßigen Eindruck empfangen.«[380] Dabei ist diese Phase noch kognitiv, sie beginnt vor dem Verstehen des Textes und bildet die wichtigste Grundvoraussetzung für weitere Interpretationsbemühungen. Als Schlussfolgerung sind Leser, die vom Werk nicht ästhetisch oder affektiv angesprochen werden, nicht in der Lage, dieses zu interpretieren.[381] Als Ziel der Interpretation wird das Erklären und Beschreiben dieser ästhetischen Erfahrung angesehen, was nur erreicht werden kann, wenn der Stil des Werkes in der zweiten Phase erkannt wird. Der Stil »drückt sich in inhaltlichen und formalen Eigenschaften gleichermaßen aus«[382] und wenn dieser einheitlich ist, schlägt sich das in einer einheitlichen ästhetischen Erfahrung des Lesers nieder.[383] Ein weiteres Ziel der immanenten Interpretation ist es, diese stilistische Geschlossenheit

375 Metzler Lexikon Literatur- und Kulturtheorie, S. 760 f.
376 Vgl. ebd., S. 761.
377 Vgl. Köppe/Winko: Neuere Literaturtheorien, S. 39.
378 Vgl. Metzler Lexikon Literatur- und Kulturtheorie, S. 762.
379 Vgl. Köppe/Winko: Neuere Literaturtheorien, S. 41.
380 Ebd.
381 Vgl. ebd.
382 Ebd.
383 Vgl. ebd., S. 41 f.

des Textes aufzuzeigen, indem man sich wie beim Close Reading größtenteils auf einzelne Aspekte des Textes konzentriert. Dabei setzt man beispielsweise nach ausführlichem Untersuchen die Metrik, Lexik, Syntax und die Phonetik, aber auch die vertretene Weltanschauung in Beziehung zueinander.[384] Um die Interpretation vollständig abschließen zu können, dürfen bei der Werkimmanenz auch Kontextdaten zu Rate gezogen werden.[385] Wie zuvor beschrieben, handelt es sich dabei jedoch nicht um politische, biographische oder historische Kontexte, in denen das Werk verfasst wurde, sondern um »gattungstypologische Zusammenhänge, die Zuordnung des Werkes zu einer bestimmten Schaffensphase des Dichters oder die Feststellung epochentypischer (etwa metrischer oder lexikalischer) Merkmale.«[386]

Die Einbeziehung dieser Informationen spielt für die werkimmanente Interpretation allerdings lediglich eine heuristische Rolle. Der Interpret sollte diese Zusammenhänge nur zu Rate ziehen, wenn ihn diese bei der Erschließung des Kunstcharakters unterstützen,[387] »da sich der Kunstcharakter als solcher indessen nicht auf Kontextinformationen zurückführen bzw. aus diesen rekonstruieren lässt, ist die ›eigentliche‹ Interpretation von ihnen unabhängig.«[388] Eine weitere wichtige Eigenschaft der Werkimmanenz ist die Vorstellung, dass es »neben dem Stil eines bestimmten Werkes auch den Stil eines Dichters sowie Epochenstile gibt.«[389] Die Beschreibung des Stils des interpretierten Werkes kann »in eine literarhistorische, auf die Gattung oder Epoche des Werkes bezogene Generalisierung«[390] übergehen. Dieser Arbeitsschritt geht über die eigentliche Interpretation hinaus und soll zukünftige Interpretationen erleichtern. Für Slow Reading spielt das Erkennen des Stils ebenfalls eine wichtige Rolle, wie in Abschnitt 5.3.1 erläutert wird. Zusammenfassend gibt es einige Besonderheiten der werkimmanenten Interpretation, die vergleichbar mit dem Close Reading sind. So wird auch hier die Annahme, »man könne ein literarisches Kunstwerk erklären, indem man seine Ursprünge in der Biographie des Autors, der Kultur oder Geistesgeschichte untersucht,«[391] abgelehnt. Den Theorien liegt außerdem die klassi-

384 Vgl. Köppe/Winko: Neuere Literaturtheorien, S. 42.
385 Vgl. ebd.
386 Ebd.
387 Vgl. ebd.
388 Ebd.
389 Ebd.
390 Ebd.
391 Ebd., S. 43.

zistische Kunstauffassung zugrunde, dass literarische Werke stilistisch einstimmig und in sich geschlossen sind. In der Werkimmanenz werden die Interpretation und die Wertung eines literarischen Werkes zudem miteinander vermischt und das Aufweisen dieser stilistischen Geschlossenheit ist nur möglich, wenn das Werk zur hohen und ausgezeichneten Kunst gehört.[392] Auch der New Criticism beschäftigt sich vor allem mit mehrdeutigen und als ausgezeichnet definierten Werken, denn alles andere würde sich nicht zu interpretieren lohnen.[393] Die Lyrik ist das beliebteste Genre für ein Close Reading.[394] Bei Erzählliteratur wurde sich im New Criticism bevorzugt mit kurzen und modernen Texten wie psychologischen, impressionistischen oder auch symbolistischen Werken und mit Dramen, beispielsweise von Shakespeare, beschäftigt.[395] Auch hier gibt es Parallelen zum Slow Reading, denn einige Vertreter dieses Lesetrends sind der Auffassung, dass es sich vor allem lohne, lange und komplexe Werke per Slow Reading zu erfassen. So ist beispielsweise John Miedema der Meinung, dass es Titel gibt, die es besonders lohnt langsam zu lesen. Manche Werke wie *Paradise Lost*[396] könne man beispielsweise gar nicht schnell lesen. Trotzdem und obwohl er ebenfalls Klassiker empfiehlt und zur erneuten Lektüre schon gelesener Werke auffordert, überlässt er diese sehr persönliche Entscheidung letztendlich doch dem Leser:[397] »The choice is a personal one, highly dependent on the reader's current state. One need not feel compelled to read the classics […]. A trashy novel might express just what is needed by the reader.«[398] Die größten Chancen für das Slow Reading sieht er allerdings in unbekannten Romanen und Werken, die in Stil und Genre gegensätzlich zu bisher Gelesenem seien, »and ones that challenge the reader in unexpected ways.«[399] David Mikics sieht ebenfalls im Unbekannten besonders große Herausforderungen sowie Möglichkeiten und fordert dazu auf, aus den gewohnten Genres auszubrechen und neue Autoren kennenzulernen:[400] »[…] seek out literary places that are

392 Vgl. ebd., S. 42 f.

393 Vgl. ebd.

394 Vgl. Metzler Lexikon Literatur- und Kulturtheorie, S. 537.

395 Vgl. ebd.

396 Anmerkung: John Miltons *Paradise Lost* ist ein 1667 erschienenes episches Gedicht und ein Klassiker der Weltliteratur. Es umfasst mehrere hundert Seiten und ist durchgängig in Blankversen verfasst.

397 Vgl. Miedema: Slow Reading, S. 64.

398 Ebd.

399 Ebd., S. 63.

400 Vgl. Mikics: Slow Reading in a Hurried Age, S. 47.

strange and instructive, rather than those too close to home. You'll have a much better time. Instead of picking up another thriller, get a foothold in a new game.«[401] Er warnt den Leser aber auch vor Werken, zu denen dieser keinen Zugang finde. Man solle nur das Lesen, was einem auch wirklich gefalle.[402] »Not all books are for all readers. You won't like everything and you shouldn't try – not even if the book in question is certifiably ›great‹.«[403] Natürlich empfiehlt auch er die Klassiker, aber für ihn spielt der persönliche Zugang in Slow Reading eine wichtigere Rolle und er ermutigt zur eigenen Auswahl. Was immer dem Leser gefalle, habe eine Berechtigung und solle von diesem gelesen werden.[404] Eine letzte wichtige Eigenschaft der Werkimmanenz ist die Empfindung des Lesers, die einen sehr hohen Stellenwert besitzt. Diese Empfindungsfähigkeit ist die Grundvoraussetzung für eine Interpretation, wobei das Gefühl hinsichtlich des zu interpretierenden Textes ausschlaggebend für die Richtung und die Richtigkeit der Interpretation ist.[405]

Slow Reading ist keine Interpretationspraxis und keine genaue Anleitung zum Verstehen von Texten. Trotzdem gibt es viele Gemeinsamkeiten zwischen dem Close Reading, der werkimmanenten Interpretation und dem Slow Reading. Besonders die eben genannte Empfindungsfähigkeit des Lesers und die generelle Fokussierung auf den Text findet sich im Slow Reading wieder. Auch wenn nur bestimmte Literaturtheorien, die Gemeinsamkeiten mit Slow Reading aufweisen und als einflussgebend genannt werden, aufgeführt wurden, gibt es durchaus Meinungen, die Literaturwissenschaft an sich sei die Mutter des Slow Reading. Um den berühmtesten Verfechter dieses Standpunktes zu zitieren, wird Friedrich Nietzsche herangezogen. In der Vorrede seines 1881 erschienen philosophischen Werkes *Morgenröthe* findet der Leser als letzten Abschnitt einen Appell, der ihn auf das richtige Lesen dieses Buches vorbereiten soll. Nietzsche fordert das langsame, aufmerksame und tiefgründige Fortfahren der Lektüre und wünscht sich nur vollkommene Leser, die für ihn mit langsamen Lesern gleichzusetzen sind. Er schließt damit die schnelle Lesergruppe aus und fordert jeden, der sein Buch schnell, nebenbei oder oberflächlich konsumieren möchte, dazu auf, das Lesen zu beenden, denn Ziel seines Werkes sei es unter anderem, genau diese Leser zur Verzweiflung zu bringen. Sein Buch sei nur mit der nötigen Ruhe und

401 Mikics: Slow Reading in a Hurried Age, S. 47.
402 Vgl. ebd., S. 39.
403 Ebd.
404 Vgl. ebd., S. 47.
405 Vgl. Köppe/Winko: Neuere Literaturtheorien, S. 42.

Langsamkeit zu verstehen und der Interessierte müsse Zeit investieren. Für Friedrich Nietzsche ist der Literaturwissenschaftler der Lehrer des langsamen Lesens:

> *Man ist nicht umsonst Philologe gewesen, man ist es vielleicht noch das will sagen, ein Lehrer des langsamen Lesens: – endlich schreibt man auch langsam. Jetzt gehört es nicht nur zu meinen Gewohnheiten, sondern auch zu meinem Geschmacke – einem boshaften Geschmacke vielleicht? – Nichts mehr zu schreiben, womit nicht jede Art Mensch, die ›Eile hat‹, zur Verzweiflung gebracht wird. Philologie nämlich ist jene ehrwürdige Kunst, welche von ihrem Verehrer vor Allem Eins heischt, bei Seite gehn, sich Zeit lassen, still werden, langsam werden –, als eine Goldschmiedekunst und -kennerschaft des Wortes, die lauter feine vorsichtige Arbeit abzuthun hat und Nichts erreicht, wenn sie es nicht lento erreicht. Gerade damit aber ist sie heute nöthiger als je, gerade dadurch zieht sie und bezaubert sie uns am stärksten, mitten in einem Zeitalter der ›Arbeit‹, will sagen: der Hast, der unanständigen und schwitzenden Eilfertigkeit, das mit Allem gleich ›fertig werden‹ will, auch mit jedem alten und neuen Buche: – sie selbst wird nicht so leicht irgend womit fertig, sie lehrt gut lesen, das heisst langsam, tief, rück- und vorsichtig, mit Hintergedanken, mit offen gelassenen Thüren, mit zarten Fingern und Augen lesen... Meine geduldigen Freunde, dies Buch wünscht sich nur vollkommene Leser und Philologen: lernt mich gut lesen!*[406]

Er betont, dass langsames Lesen zu einem besseren Verständnis führe und dass es zudem Texte gebe, die nur langsam gelesen werden können, weil sie anders nicht verstanden werden würden. Für Miedema ist er damit der erste, der Slow Reading als Begriff benutzt und an das Entschleunigen des Lesens appelliert: »The earliest explicit reference to the phrase ›slow reading‹ appears to be in Nietzsche's preface to *Daybreak* [...].«[407] Nietzsche sei der Meinung, dass die Literaturwissenschaft die Kennerschaft des Wortes sei.[408] Das richtige Lesen gehöre damit zur Kernkompetenz des Literaturwissenschaftlers und die Vermittlung dessen ist Aufgabe der Literaturwissenschaft. Slow

406 Nietzsche, Friedrich: Morgenröthe. Vorrede. In: Projekt Gutenberg. URL: http://gutenberg.spiegel.de/buch/-3254/1 [03.11.2015].

407 Miedema: Slow Reading, S. 10. Anmerkung: Hervorhebung im Original.

408 Vgl. ebd.

Reading ist also nicht nur ein ideologischer Lesetrend, der im Alltag zur Entschleunigung und Entspannung beitragen soll; das Ziel, den Text besser zu verstehen, hat einen literaturwissenschaftlichen Ansatz, der wesentlich älter als das Slow Movement ist.

5.2 Was ist Slow Reading?

5.2.1 *»It is Reading at a reflective pace«*[409] *and it is about »a voluntary approach«*[410]

Slow Reading ist eine Reaktion auf den sich veränderten Medienkonsum und das sich beschleunigende Lebenstempo, es ist Teil des Slow Movements und hat außerdem Wurzeln in verschiedenen literaturwissenschaftlichen Theorien. All das wurde in der bisherigen Arbeit beschrieben, hergeleitet und erklärt. Im folgenden Teil geht es darum, was diesen relativ neuen und beliebten Lesetrend, der aus den USA nach Deutschland kommt, genau ausmacht und welche Eigenschaften er aufweist.

Slow Reading ist ein Lesetrend, der eine vergessene Art des Lesens wieder aufleben lässt, der die Geschwindigkeit und Hektik des Alltags aus der Tätigkeit des Lesens verbannen und dabei zu mehr Verständnis des Gelesenen und mehr Spaß beim Lesen führen möchte. Slow Reading will, wie schon der Vorreiter Slow Food, Menschen zusammenbringen. Es handelt sich um einen Lesetrend, der das Leseverhalten positiv und nachhaltig beeinflussen möchte. Dabei geht es aber nicht darum, ausschließlich langsam zu lesen, wie der Name zunächst vermuten lässt. Slow Reading beinhaltet auch das Verstehen des Textes, das Lesevergnügen, das aktuelle Zeitempfinden und die Entschleunigung des Lebenstempos sowie das Verhältnis des Lesers zum Autor und das Verhältnis des Lesers zum Text. Weiterhin sind das Gefühl für Sprache und einzelne Wörter, die Liebe zum geschriebenen Wort, und das gemeinsame Lesen wichtiger Bestandteil des Slow Readings. Auch geht es um den gesamten Buchhandel, um Verlage, Autoren und Buchhandlungen, es geht um lokalen Zusammenhalt und nachhaltige Lebensweisen und es geht um das gedruckte Buch. In den folgenden Abschnitten werden alle diese Ziele, Eigenschaften und Besonderheiten des Slow Readings aufgefasst und erläutert. Dieser Abschnitt behandelt insbesondere das Lesen an sich und die vom Slow Reading empfohlene Geschwindigkeit.

409 Miedema: Slow Reading, S. 1.
410 Ebd., S. 15.

John Miedema beginnt seine Publikation über Slow Reading mit: »Slow reading is about reading at **a reflective pace**.«[411] Damit betont er schon am Anfang, dass es bei Slow Reading nicht um ausschließlich langsames Lesen, sondern um ein reflektiertes und selbstbestimmtes Lesetempo geht. Damit grenzt er diese Form des Lesens vom zuvor beschriebenen Close Reading und von der werkimmanenten Interpretation ab. Jeder Leser soll sein eigenes Lesetempo an das Werk, den Abschnitt und das eigene Empfinden anpassen. Wie dem gesamten Slow Movement liegt auch dem Slow Reading die Annahme zu Grunde, dass durch Entschleunigung die Qualität der Tätigkeit verbessert werden kann. Es geht nicht um »bloßes langsam sein«, es geht viel mehr um die richtige Balance und um die eigene Geschwindigkeit:

> *The secret is balance: instead of doing everything faster, do everything at the right speed. Sometimes fast. Sometimes slow. Sometimes somewhere in between. Being Slow means never rushing, never striving to save time just for the sake of it. It means remaining calm and unflustered even when circumstances force us to speed up.*[412]

Die eigene Geschwindigkeit zu finden und anzupassen, wenn nötig zu verändern und sich vor allem nicht diktieren zu lassen, wie schnell etwas gelesen werden sollte, steht beim Slow Reading im Vordergrund. Es soll die richtige **Balance** beim Lesen gefunden werden.[413] Newkirk zeigt in seinem Werk auf, wie störend zu schnelles oder auch zu langsames Lesen für die Lektüre und das Verständnis sein kann:

> *I am thrown off my reading game when I am forced to go too fast. I can feel this connection slipping away. I lose this vital sense of language and rhythm. I am forced to skip, scan, and sample when I feel myself on the clock. As I feel myself pushed beyond a physiological processing limit, one of my favourite and most pleasurable activities become suddenly unpleasant.*[414]

411 Ebd., S. 1. Anmerkung: Hervorhebung im Original.
412 Honoré: In Praise of Slowness, S. 275.
413 Vgl. Miedema: Slow Reading, S. 31.
414 Newkirk: The Art of Slow Reading, S. 2.

Einige Absätze müssen schnell und andere langsam gelesen, vielleicht sogar **wiederholt** werden.[415] Wie in Abschnitt 3.1.1 aufgezeigt wurde, wird das wiederholte Lesen in religiösen Lesepraktiken zum besseren Verständnis schon seit Jahrhunderten eingesetzt. Im Slow Reading ist zusätzlich auch von dem bewussten Einhalten von **Pausen** die Rede. Dabei können diese unterschiedliche Auslöser haben. Bei manchen Texten führt eine außergewöhnliche Wortwahl zum innehalten,[416] andere Werke stellen den Leser vor unbekannte Probleme und »[u]nless readers know how to pause and think through these difficulties [...], they will feel inadequate and stupid.«[417] Slow Reading lässt dem Leser die Wahl, ob er pausieren möchte, um über das Gelesene zu sinnieren, oder ob er lieber besonders schnell weiterlesen möchte. Doch durch das bewusste langsame Lesen und gelegentliche Pausieren kann der Leser sehr viel mehr aus einem Text mitnehmen als beim schnellen Überfliegen.

> *We can learn to pay attention, concentrate, devote ourselves to authors. We can slow down so we can hear the voice of texts, feel the movement of sentences, experience the pleasure of words – and own passages that speak to us.*[418]

Es geht nur um Vorschläge, der Leser entscheidet selbst, ob, wann und für wie lange er pausieren möchte, denn »[p]ersonal control over the rate and content of reading is essential to the enjoyment of reading, which in turn creates a lifelong reader.«[419] Das übergeordnete Ziel des Slow Readings ist es, den Gedanken an die vergehende Zeit auszublenden und sich ausschließlich dem Lesen zu widmen und sich dabei nur vom Text leiten zu lassen und so schnell oder langsam zu lesen, wie dieser es erfordert.[420]

> *Variability and personal control are essential to slow reading. Slow reading means exercising choice about how one reads rather than being forced to read as fast as possible. This freedom brings back pleasure of reading.*[421]

415 Vgl. Newkirk: The Art of Slow Reading, S. 3.
416 Vgl. ebd., S. 9.
417 Ebd.
418 Ebd., S. 41.
419 Miedema: Slow Reading, S. 3.
420 Vgl. Newkirk: The Art of Slow Reading, S. 26 f.
421 Miedema: Slow Reading, S. 16.

Genauso wie die Geschwindigkeit eigenständig auf die Bedürfnisse angepasst wird, soll der ganze Akt des Lesens beim Slow Reading an sich **freiwillig** geschehen, denn »[s]low reading is a voluntary practice taking many different forms.«[422] Nur wer freiwillig liest, kann Spaß und Verständnis aus dem Text erlangen und so eine tiefergehende Beziehung mit dem Werk eingehen. »The voluntary aspect of slow reading allows for a deep and personal relationship between readers and their information.«[423] Der Zwang, zu viele Bücher in zu kurzer Zeit zu lesen, wie es oftmals im Literaturunterricht an Schulen und an Universitäten gefordert wird, sorgt in vielen Fällen für einen schlechten Zugang zu den Werken und hat eine Demotivation der Schüler und Studenten zur Folge. Miedema sieht Slow Reading in diesem Fall als hilfreichen Ansatz und gerade bei Kindern sieht er große Chancen, denn »the evidence from children is that a voluntary approach is the essence of slow reading.«[424] Er ist sich sicher, dass nur freiwilliges Lesen zu wirklichem Verstehen und zu guter Arbeit mit dem Text führen kann:[425] »Applying a highly prescribed technique or forcing the reading in some way is contrary to the essence of slow reading; to some extent, it must be voluntary for it to be slow reading.«[426] Auch Newkirk sieht in der Freiheit jeglicher Entscheidungen den Erfolg des Slow Readings:

> *A key factor in all this is that I am choosing. I am following my own pattern of connections, significance. I lose myself in plot as I choose to, and stand back to reflect when I choose to. No one is regulating for me this pattern of attention. [...] No one is telling me when to stop and reflect or what to reflect about.*[427]

Für einige Leser kommt langsameres Lesen vielleicht auch gar nicht in Frage, sie haben andere Wege, sich stärker auf das Buch zu konzentrieren. Miedema zählt alle Lesearten, die dazu führen, dass sich der Leser stark mit dem zu Lesenden verbunden fühlt, zum Slow Reading: »It should be clear by now that while slow reading often involves reducing the rate of reading, it also refers to any type of reading that more fully engages the faculties of the

422 Ebd., S. 2.
423 Ebd., S. 7.
424 Ebd., S. 15.
425 Vgl. ebd., S. 13.
426 Ebd.
427 Newkirk: The Art of Slow Reading, S. 10.

reader.«[428] Es geht hauptsächlich darum, einen Zugang zur Literatur zu finden, ob über Lesegeschwindigkeit, Pausen, Wiederholungen oder über ganz andere Methoden ist dabei irrelevant. Slow Reading umfasst alle Techniken, die es dem Leser ermöglichen, eine tiefere Beziehung mit dem Text einzugehen und ist dabei für jeden Leser unabhängig seiner Lesefähigkeiten einfach zugänglich.[429] Lautes Lesen oder gemeinsames Vorlesen kann genauso eine Form des Slow Readings sein, wie Performance Reading in Klassenzimmern. Beim Slow Reading geht es um die Beziehung des Lesers zum Text und um den Grad an Aufmerksamkeit, die dem Text zugewendet wird.[430]

5.2.2 *It is »a better choice for comprehension and pleasure in reading«*[431]

Slow Reading soll zum **verbesserten Verständnis des Gelesenen** führen. Es soll die Aufnahmefähigkeit und dadurch die ganzheitliche Qualität dieser Freizeitbeschäftigung verbessern. Dass man durch langsames und sorgfältiges Lesen einen literarischen Text besser verstehen kann, ist, wie im Abschnitt 5.1 bereits aufgezeigt wurde, kein neues Konzept.

> *Generell fordern komplexe Texte hohe Aufmerksamkeit für ihre sprachliche und formale Gestalt, die Textkohärenz, sowie interessierte Aufgeschlossenheit für die thematisierten Inhalte, also ein langsames, gründliches, ein analysierendes bzw. interpretierendes Lesen, zum Teil ein philologisch genaues textkritisches Vorgehen.*[432]

Für die Vertreter des Slow Reading ist »slow reading [...] an advantage, a pleasure when reading fiction and an aid to comprehension when deciphering a complex text.«[433] Für Miedema gehört diese Eigenschaft des Slow Readings zu der Kernkompetenz dieses Lesetrends: »Slow reading increases literacy skills.«[434] Und auch für Mikics heißt Slow Reading vor allem besseres Lesen: »Reading better means reading more slowly.«[435] Einige Studien beschäftigen sich mit den messbaren Effekten vom verlangsamten Lesen; 1990

428 Miedema: Slow Reading, S. 63.
429 Vgl. ebd., S. 16.
430 Vgl. Newkirk: The Art of Slow Reading, S. 2 f.
431 Miedema: Slow Reading, S. 7.
432 Graf: Leseverstehen komplexer Texte, S. 191.
433 Miedema: Slow Reading, S. 2.
434 Miedema: Slow Reading, S. 42 f.
435 Mikics: Slow Reading in a Hurried Age, S. 1.

bestätigte die Studie von Carver,[436] dass viele Leser bei schwierigeren Abschnitten in einem Werk die Lesegeschwindigkeit verlangsamen. Auch wenn nur für eine kurze Zeit langsam gelesen wird, führt dies zu einem besseren Verständnis des Textes.[437] Demnach ist es unwichtig, wie schnell jemand tatsächlich lesen kann, wenn er Verständnisschwierigkeiten hat, wird er langsamer: »As fast as our minds become, ultimately slowness may be required to make the most of reading.«[438] Dabei hilft auch das Pausieren oder wiederholte Lesen einzelner Abschnitte.[439] Die 2006 erschienene Studie von Hyönä und Nurminen[440] bestätigt, dass gerade das wiederholte Lesen und Zurückspringen im Text für das Verständnis sehr hilfreich ist:

> *Hyönä & Nurminen (2006) found that adult readers are aware of both their reading speed, lookback and rereading behaviour. Looking back was positively correlated with recall of the text. That is, slow reading behaviours are a deliberate cognitive strategy used to improve the reading experience.*[441]

Auch Newkirk ist sich sicher, »that slow reading is essential for real comprehension.«[442] Auf den ersten Seiten seines Werkes über Slow Reading bietet er verschiedene Beschreibungen an, was Slow Reading ist und was es leisten kann:

> *Rather, it has to do with the relationship we have with what we read, with the quality of the reading, with the investment we are willing to make. It is based on the belief that good writing is never consumed, never fully understood, and that although we often read for the efficient extraction of information. This extraction is not the most meaningful pleasurable reading we do. Slow reading repays even repeated readings and speaks to us in new ways with each reengagement.*[443]

436 Carver, Ronald P.: Reading Rate: A Review Of Research And Theory. San Diego: Academic Press 1990.
437 Vgl. Miedema: Slow Reading, S. 54.
438 Ebd., S. 61.
439 Vgl. Newkirk: The Art of Slow Reading, S. 9.
440 Hyönä, Jukka/Nurminen, Anna-Mari: Do adult readers know how they read? Evidence from eye eye movement patterns and verbal reports. In: British Journal of Psychology (1/97). Hoboken: Wiley Blackmill 2006, S. 31–50.
441 Miedema: Slow Reading, S. 53 f.
442 Newkirk: The Art of Slow Reading, S. 3.
443 Ebd., S. 2.

Doch schon in der Schule wird Lesen in Verbindung mit Geschwindigkeit gelehrt. Schnelles Lesen wird belohnt und langsames gilt als Schwäche.[444] Dabei ist oftmals von flüssigem Lesen die Rede: »Established formulae determine fluency by word per minute minus reading errors; the faster, the more fluent. It is a measure of productivity, efficiency, output.«[445] Bei diesem Ansatz besteht die Gefahr, flüssiges mit schnellem Lesen gleichzusetzen. Dabei geht es beim flüssigen Lesen vor allem um »effective and meaningful processing of real, connected, communicative language.«[446] Ist der Leser jedoch nur darauf fokussiert, schnell zu lesen, geht laut Newkirk das Verständnis für den Text und das Gelesene verloren, so vor allem auch bei Kindern, die zum schnellen Lesen angetrieben werden. Newkirk ist allerdings der Auffassung, dass Schulen zahlreiche Möglichkeiten für das Slow Reading bieten könnten. Die weit verbreitete Auffassung, schnelles und flüssiges Lesen sei ein Indikator für das Verstehen des Gelesenen, ist nicht zwangsläufig richtig:

> *Questions are read as questions. Dialogue is read with appropriate expression. Punctuation acts as a significant indicator of meaning. The reader has caught the voice of the text and the intent of the author.* Fluency *in this sense is indivisible from* comprehension *– a fluent reader demonstrates comprehension. And fluency can never be a race. Faster is not always better.*[447]

Ganz im Gegenteil kann zu schnelles Lesen dem flüssigen Lesen des Textes entgegenwirken. Wer den Text verstehen und flüssig lesen will, muss die Indizien und Anhaltspunkte für das Lesen im Text suchen und finden.[448] Dazu ist vor allem aufmerksames Lesen wichtig, aber auch die eigene Geschwindigkeit herauszufinden, in der dies am besten funktioniert. Newkirk ist sich sicher, »that the literate person derives pleasure from finding this appropriate tempo of reading.«[449] Das Slow Reading Movement versucht genau dies zu vermitteln. Jeder sollte so schnell oder langsam lesen wie er möchte und dabei die Geschwindigkeit finden, bei der er den Text am besten versteht. Laut Newkirk habe jeder Mensch eine eigene Lesegeschwindigkeit, mit

444 Vgl. Newkirk: The Art of Slow Reading, S. 17.
445 Ebd., S. 17 f.
446 Ebd., S. 18.
447 Ebd., Anmerkung: Hervorhebungen im Original.
448 Vgl. ebd., S. 18 f.
449 Ebd., S. 19.

der er Texte und deren Sinn am besten erschließen könne. Ignoriert er diese Geschwindigkeit und lese schneller, falle es ihm als Konsequenz schwerer, das Gelesene zu verstehen:[450]

> *It is seriously disruptive and uncomfortable to be forced to accelerate this natural pace; it often means suspending reading altogether and sampling a text, reading first sentenced, beginnings and endings, things we would never choose to do on our own.*[451]

Auf das bessere Verständnis folgt **mehr Freude beim Lesen.**[452] Wie schon bei Slow Food geht es darum, bewusst zu lesen und diese Tätigkeit mit viel Zeit vollkommen zu genießen. Durch die eigene Wahl der Lesegeschwindigkeit wird Druck entnommen und mehr Freiheit geboten, seinen eigenen Instinkten und Fähigkeiten zu folgen. Schon deswegen bereitet es dem Leser mehr Vergnügen, als wenn er sich einem für ihn unpassenden Tempo anzupassen versucht. Leider geht dieses Lesevergnügen in der Hektik des Alltags verloren und oftmals bleibt zu wenig Zeit zum Lesen übrig. Das liegt unter anderem auch daran, dass gerade Lesen als eine an sich schon langsame Tätigkeit und oftmals als zeitverschwendend wahrgenommen wird. Carl Honoré argumentiert in seinem Werk, das Lesen zwar eine grundsätzlich langsame Tätigkeit sei, diese aber dabei helfen könne, Entspannung in den Tag einzubringen. Lesen sei eine von vielen »Slow pleasures,«[453] die man als Folge gar nicht entschleunigen müsse: »One way to cultivate inner Slowness is to make time for activities that defy acceleration – meditation, knitting, gardening, yoga, painting, reading, walking, Chi Kung.«[454] Aber gerade weil so viele Menschen Lesen als eine langsame und zeitraubende Beschäftigung ansehen, wird oft darauf verzichtet oder mit Hilfe von Speed-Reading-Methoden schneller zu lesen versucht. »Reading and slowness go hand in hand. It has always been a target for those who would have us more productive.«[455] Eine logische Konsequenz ist, dass zu schnelles Lesen keinen Spaß macht. Durch Slow Reading soll sich das ändern, denn langsames Lesen »is also clearly crucial to the deep pleasure we take in reading and for the power of reading

450 Vgl. ebd.
451 Newkirk: The Art of Slow Reading, S. 24.
452 Vgl. Miedema: Slow Reading, S. 63.
453 Honoré: In Praise of Slowness, S. 40.
454 Ebd., S. 275.
455 Miedema: Slow Reading, S. 30.

to change us.«[456] Bei der werkimmanenten Interpretation ist das ästhetische Empfinden des Lesers besonders wichtig und nur wenn der Leser eine Verbindung zum Text und sich selber fühlt, kann er diesen auch im weiteren Verlauf verstehen. Der Spaß am Lesen, den Slow Reading wieder ermöglichen möchte, erfüllt eine ähnliche Aufgabe.

> *I enter a book carefully, trying to get a feel for this writer/narrator/teller that I will spend time with. I hear the language, feel the movement of sentences, pay attention to punctuation, sense pauses, feel the writer's energy (or lack of it), construct the voice and temperament of the writer. To be sure I visualize, but equally important I auditorize. If I am going to spend time with an author, I want to hear his or her voice – I want some human connection.*[457]

Newkirk möchte einen richtigen Einstieg in das Werk finden, den Autor und den Charakter des Geschriebenen kennenlernen, um sich damit fortan mit vollem Einsatz zu beschäftigen. Für Mikics ist der Einstieg in ein Buch mit Hilfe von Slow Reading ebenfalls von einer ästhetischen Erfahrung begleitet, die entscheidet, ob der Leser das Buch annehmen und mit der Lektüre fortfahren kann, oder ob er keinen Zugang zum Text findet. Der Leser müsse eine Sympathie gegenüber dem Inhalt und der tragenden Idee des Textes empfinden, um sich bewusst für das Fortfahren zu entscheiden. Wenn die Sympathie ausbleibt, müsse die Entscheidung, nicht weiterzulesen, ebenfalls bewusst getroffen werden. Das Lesen sollte nicht unreflektiert eingestellt werden, der Leser sollte sich seiner Gründe bewusst sein.[458] »Much depends on our evaluation of an author's personality, from the very first page on. Even if we instinctively dislike a book, we must understand why.«[459] Das Werk kann nur durch einen bewussten Einstieg verstanden werden und das Lesen als Folge Vergnügen bereiten. Deswegen ist Mikics auch der Meinung, dass vor allem der Anfang eines Buches besondere Aufmerksamkeit erfordert:

456 Newkirk: The Art of Slow Reading, S. 3.
457 Ebd., S. 1.
458 Vgl. Mikics: Slow Reading in a Hurried Age, S. 40.
459 Ebd.

> *From the standpoint of comprehension, I am convinced that reading beginnings slowly is crucial – because so many commitments are being made (which is why they can be terrifying to write). They provide conceptual information that will help us read effectively [...].*[460]

Für Mikics ist Slow Reading die einzig wahre Form des Lesens, denn nur so können Werke verstanden und genossen werden: »Slowness, and the patience that goes with it, is the key to good reading. This is the thread that runs through all my remarks about the kind of reading we should be doing, for pleasure and understanding.«[461] Durch Slow Reading soll das Lesen gezielt entschleunigt und der Text dadurch tiefgreifender verstanden werden, wobei auch die Freude am Lesen erhöht wird. Dies sind zwei der höchsten Ziele des Slow Readings.

5.2.3 *It »allows for a deeper relationship with stories and ideas«*[462]

Ein weiteres Ziel ist es, dem Leser einen tiefen und intensiven Zugang zum Werk und eine intensive Beziehung zum Geschriebenen zu ermöglichen, um ihn für die Ideen und Gedanken des Autors zu öffnen, damit er davon profitieren kann. Die Verbindung zwischen Leser und Geschriebenen soll durch Slow Reading zu einem umfassenden Verständnis, mehr Spaß und einer langanhaltenden Bindung zwischen Text und Leser führen. Wie schon an früherer Stelle zitiert, ist es wichtig, das Lesen langsam und bewusst zu beginnen. Diese Ziele finden sich auch in den literaturwissenschaftlichen Theorien wieder. Wie beschrieben wurde, sind das Kennenlernen des Stiles des Autors und die ästhetische Erfahrung in beiden Theorien zentral und beeinflussen das Slow Reading. Beim Slow Reading sollen die Eigenschaft der Sprache, die Wortwahl und die **Stimme des Autors** wahrgenommen werden.[463] Diese Stimme des Autors ist vor allem für Thomas Newkirk von Bedeutung: »Because even as I read ›silently‹, I am still in a world of sound. My connection to writers, my pleasure in reading, even my capacity for comprehension depends on this sound, on the voiced quality of print.« [464]

Das Bestehen dieser akustischen Verbindung, wie Newkirk sie bezeichnet, ist zumindest für ihn eine Voraussetzung für ein erfolgreiches und enga-

460 Newkirk: The Art of Slow Reading, S. 100.
461 Mikics: Slow Reading in a Hurried Age, S. 29.
462 Miedema: Slow Reading, S. 1.
463 Vgl. Newkirk: The Art of Slow Reading, S. 1.
464 Ebd., S. 2.

giertes Lesen und somit ein wichtiger Bestandteil des Slow Readings. Nicht für jeden Leser muss es allerdings um das Hören des Autors gehen, es geht vielmehr um das Erfühlen der Sprache, das Kennenlernen des Textes und darum, sich den beschriebenen Gedanken und Ideen zu öffnen, um so die Geschichte und den Autor besser kennenzulernen und zu verstehen.

> *To read slowly is to maintain an intimate relationship with a writer. [...] We commit ourselves to follow a train of thought, to mentally construct characters, to follow the unfolding of an idea, to hear a text, to attend to language, to question, to visualize scenes. It means paying attention to the decisions a writer makes.*[465]

Eine weitere Möglichkeit ist, sich an der einzelnen Wortwahl zu erfreuen und sich zu überlegen, warum der Autor wohl in einer bestimmten Situation ein bestimmtes Wort verwendet hat. Der Stil und der Ausdruck des Autors können so besser kennengelernt und wertgeschätzt oder sogar in dessen anderen Werken wiedergefunden werden. Slow Reading soll demnach ein besseres **Gefühl für Sprache und Wortwahl** fördern.[466] »Some texts invite us to attend to the writing itself, to take pleasure in word choices that we may want to linger over.«[467] Natürlich ist die Aufmerksamkeit nicht auf einzelne Wörter limitiert, auch Satzzeichen, Absätze, Pausen oder andere formelle Eigenheiten können Aussagen über Inhalt, Form oder Autor bieten. Alles was einen Zugang zum Werk ermöglicht, ist vom Slow Reading gewünscht. Die meisten Anhänger sind sich sicher, dass dieses intensive Erschließen des Textes nur durch langsames und bewusstes Lesen möglich ist. »We can slow down so we can hear the voice of the texts, feel the movement of sentences, experience the pleasure of words – and own passages that speak to us.«[468] Es geht beim Slow Reading aber auch um den Einfluss, den das Werk auf den Leser hat und um das Verstehen der beschriebenen Ideen und Ansichten. Miedema sieht im Slow Reading die einzige Möglichkeit, langfristig von einem Werk beeinflusst zu werden und sich diesem richtig zu öffnen: »When I read a book slowly it continues to influence me even years later.«[469] Der Leser soll durch Slow Reading möglichst viel von dem Gelesenen mitnehmen,

465 Newkirk: The Art of Slow Reading, S. 2.
466 Vgl. ebd., S. 9 f.
467 Ebd., S. 9.
468 Ebd., S. 41.
469 Miedema: Slow Reading, S. 1.

neue Ideen und neues Wissen herausziehen und sich neuen Denkweisen öffnen. »By opening your inner self to a book in this way, you invite ideas and feelings that enrich and expand your own interiority. Reading is the making of a deeper self.«[470] Für Miedema besitzen nur langsame Leser die Fähigkeit, sich neuen Ideen zu öffnen[471] »and allow the sense of self to be transformed.«[472] Weiterhin sei das Lesen umfangreicher Bücher für die Entwicklung eines jeden Menschen essentiell,

> *because it teaches lessons about human identity that we can't get anywhere else. Making your way through a long, realist novel means taking a journey with another self; you look into people's inner lives as you could never do by watching a three-minute iPhone video.*[473]

Durch die intensive Auseinandersetzung mit dem Werk ist es dem aufmerksamen Leser zusätzlich möglich, die Inhalte anders wahrzunehmen und zu verarbeiten. Nach Miedema führe dies nicht nur zu neuen Ideen, sondern mitunter zu ganz neuen Denkweisen. »And a good book is the only thing that will teach you how to read with a full mind, focused on enjoyment and mental profit.«[474] Slow Reading fördere des Weiteren das Ausdenken von innovativen Lösungsansätzen und ungewöhnlichen Ideen.[475]

> *Slow reading creates a different kind of thinker. Slow reading a substantive text to its end, without distraction, allows the reader to recreate in his or her imagination the author's original ideas. [...] It creates a capacity for extended linear thought, the ability to follow complex chains of logic.*[476]

Demnach könnten Slow Reader ihre eigenen Erfahrungen durch fremde Erfahrungshorizonte und Denkweisen erweitern, lange Gedankenstränge nachvollziehen und so die Konsequenzen ihrer Handlungen wesentlich

470 Ebd., S. 65.
471 Vgl. ebd., S. 61f.
472 Ebd., S. 62.
473 Mikics, David: In Praise of (Offline) Slow Reading. In: The New York Times vom 04. Januar 2014. URL: http://www.nytimes.com/2014/01/04/opinion/in-praise-of-offline-slow-reading.html [12.11.2015].
474 Mikics: Slow Reading in a Hurried Age, S. 2.
475 Vgl. Miedema: Slow Reading, S. 51.
476 Ebd., S. 52.

besser abschätzen.[477] Laut Newkirk würde außerdem die **emotionale Intelligenz** durch das vorsichtige Lesen gefördert und Leser würden lernen, Situationen und Motive besser einzuschätzen.[478]

> *One advantage of this kind of reading is that it is continuous with the kind of inferences and judgements we necessarily make in all our social interactions – we judge moods, moral character, relationships, personality based on bits and pieces of behaviour. [...] This form of inferential thinking is absolutely crucial to our successful functioning, and by extension to our reading.*[479]

Laut Miedema und Newkirk könnten sich langsame Leser demnach besser in der Gesellschaft zurechtfinden und die in der Literatur erlernten Methoden und Denkweisen im richtigen Leben anwenden. Mikics ergänzt, dass es den Leser nicht nur für neue Ideen und Denkweisen sensibilisiere, sondern die Beziehung zwischen Leser und Literatur generell nachhaltig verändere und den Charakter des Lesers langfristig beeinflussen könne:

> *But in a subtler way, you will be transformed, and your life will become more interesting as a result. [...] Slow reading changes your mind the way exercise changes your body: a whole new world will open up; you will feel and act differently, because books will be more alive and open to you.*[480]

Neben den zu erlernenden Fähigkeiten und den verschiedenen Einflüssen, die Literatur auf den Leser haben kann, fördert sie zusätzlich die **Vorstellungskraft und Phantasie** des Lesers. Lesen wird von Vertretern von Video- und PC-Spielen oft als unkreativ und passiv beschrieben, müsse man bei einem Videospiel schließlich selber handeln, seine Ansichten und Ideen einbringen und Entscheidungen treffen.[481] Mikics sieht das ganz anders, spricht Slow Reading mindestens dieselben Eigenschaften zu und hält Lesen für eine sehr kreative und die Phantasie anregende Tätigkeit.

477 Vgl. Miedema: Slow Reading, S. 52.
478 Vgl. Newkirk: The Art of Slow Reading, S. 110 f.
479 Ebd., S. 111.
480 Mikics: Slow Reading in a Hurried Age, S. 2.
481 Vgl. ebd., S. 26 f.

If you read intelligently [...] you are making choices every moment. You are thinking about what matters in the sentence in front of you, about how the book hangs together, about how the author has done her or his work. Noticing as many aspects as you can of an author's art makes you the partner of the author, not a passive receiver of text.[482]

Der Leser müsse das Werk und den Autor verstehen lernen, müsse Gedankengängen folgen und Argumentationen nachvollziehen können. Alle bereits genannten Fähigkeiten, die Slow Reading fördert und die Ansprüche, die ein Text an den aufmerksamen Leser stellt, sorgen dafür, dass der Leser ein tiefes Verstehen und eine ausgeprägte Vorstellungskraft erlernen muss. »Such understanding is creative [...]. Nothing could be more active.«[483] Eine weitere Art der intensiven Auseinandersetzung mit Literatur, die für Slow Reading charakteristisch ist, ist **sich in einem Buch zu verlieren**. Damit ist das Erreichen eines gewissen Stadiums gemeint, das oftmals as *avid*, *ludic* oder *pleasure reading*[484], aber auch als ein *flow*[485] oder als *lost in a book*[486] bezeichnet wird. Slow Reading reizt die geistigen Fähigkeiten des Lesers und erfordert nicht nur Konzentration, sondern ein hohes Maß an Engagement, welches durch einen Zustand belohnt werden kann, der das weitere Lesen fast vollkommen ohne Bemühungen ermöglicht und den Leser Raum und Zeit vergessen lässt.[487] Miedema bezeichnet es als »a sort of altered state.«[488] Auch wenn beim Slow Reading Aufmerksamkeit, Vorsicht und eine intensive Lektüre gefragt ist, schließt dies den mühelosen Zugang zu Literatur nicht aus.[489] Laut Newkirk gibt es Werke, die dazu einladen, ohne Unterbrechung zu lesen und sich im Text zu verlieren und andere, die Pausen einfordern, reflektiert werden möchten und somit kein leichtgängiges Lesen fördern.[490]

The feeling of being ›lost‹, of being outside regular time, of being carried forward by our identification with characters and the anticipation of plot, is at the core of our pleasure in reading narratives. And for some

482 Ebd., S. 26.
483 Ebd., S. 27.
484 Vgl. Miedema: Slow Reading, S. 55 f.
485 Vgl. Newkirk: The Art of Slow Reading, S. 7 f.
486 Vgl. ebd.
487 Vgl. Miedema: Slow Reading, S. 55.
488 Ebd.
489 Vgl. ebd., S. 56.
490 Vgl. Newkirk: The Art of Slow Reading, S. 8.

books this narrative dream is enough. They don't call upon us to stop or reflect, or deal with difficulty. [...] But some books and some reading purposes call on us to be more self-aware – and wareness is another mode of pleasure. [491]

Slow Reading bedient damit zwei wichtige Motive der Mediennutzung. Durch die intensive Beschäftigung und das wachsende Verständnis werden kognitive Bedürfnisse des Lesers befriedigt. Verliert sich der Leser im Buch und erlangt einen Zugang zu einer anderen Welt und kann die Realität vergessen, dann werden seine affektiven Bedürfnisse gestillt. »In both cases, the reader's psychological resources are denied to distraction, fully engaging mind and feelings in the text at hand.«[492] Eskapismus ist eine wichtige Lesemotivation, die vor allem für Miedema stark mit dem Slow Reading in Verbindung steht. Der Leser könne durch Sprache an einen anderen Ort oder in eine andere Zeit versetzt werden, die Phantasie würde angeregt und es würden verschiedenste Charaktere zum Identifizieren geboten. Für ihn ermöglicht diese Art des Lesens, aus der eigenen Haut zu treten, die Welt aus anderen Gesichtspunkten zu betrachten und alles um sich herum zu vergessen.[493] Es ist »a first-order pleasure, a cardinal delight.«[494] Mikics sieht in dieser Form des Lesens die Möglichkeit einer starken Beeinflussung durch Bücher. Besonders Kinder, aber auch Erwachsene würden zunehmend von einem Buch beeinflusst werden, je länger sie sich mit diesem beschäftigten, und würden sich so auch leichter darin verlieren können.[495]

Why do we read? We want to break away from our lives, to lose, and find, ourselves in a foreign and intriguing realm. Enchanted by a good book, we abandon all sense of time. [...] we read not just to escape, but to remake our lives, to feel our landscape marvellously transformed.[496]

Wenn sich ein Leser beim Lesen im *flow* befindet, sich im Buch verliert und das Lesen ganz von alleine über Stunden ohne Anstrengung erfolgen kann, dann ist das eine Form des Slow Readings, weil er sich von nichts ablenken

491 Newkirk: The Art of Slow Reading, S. 8.

492 Miedema: Slow Reading, S. 56.

493 Vgl. ebd., S. 56 f.

494 Ebd., S. 57.

495 Vgl. Mikics: Slow Reading in a Hurried Age, S. 50.

496 Ebd., S. 50 f.

lässt, eine tiefe Beziehung mit dem Werk eingegangen ist und dabei auch noch große Freude empfinden kann. Währenddessen geht zwar oftmals das langsame Lesen verloren, aber wie zuvor definiert, ist die eigentliche Geschwindigkeit für das Lesen an sich nicht vorgeschrieben und nebensächlich. »Slow reading as deep engagement of the faculties can be viewed as an alternate state of consciousness, and fiction often best facilitates that process, sometimes to therapeutic ends.«[497] Literatur kann den Horizont und das Wissen des Lesers erweitern und ihn eventuell sogar **in schwierigen Lebenslagen trösten und unterstützen**.

> *Non-fiction can also help us to see the world in a new way, but fiction has a particular importance to our psychological development. [...] Children can use fiction as a testing ground for their future selves. [...] Unlike a map that helps us find our way in the real world, fiction helps us when our current course is unsatisfactory and we need to lose our way, at least for a time.*[498]

Einem ganz ähnlichen Ansatz folgt die Bibliotherapie.[499] Dabei werden dem Patienten Bücher und Literatur als Hilfe bei verschiedenen gesundheitlichen Beschwerden empfohlen, damit die Lektüre im besten Fall dabei hilft, die Beschwerden zu verringern oder die Krankheit zu heilen. Obwohl sich mit diesem Thema in den letzten Jahren immer mehr Forschungen beschäftigten und das Interesse daran weiterwächst, ist es noch keine sehr verbreitete Methode. Slow Reading und die Bibliotherapie haben einige gemeinsame Ansätze und überschneiden sich in ihrer Herangehensweise an den Text.[500] »Slow reading has been characterized as an activity that deeply engages the psyche, and as such it is an access point for people dealing with day-to-day problems as well as complex mental health issues.«[501]

Auch wenn Slow Reading kein offizieller Bestandteil der Bibliotherapie ist, hat es trotzdem ebenfalls zum Ziel, einen hilfreichen Zugang zur Literatur zu schaffen, »since a book provides a space for reflection, a private the-

497 Miedema: Slow Reading, S. 60.
498 Ebd., S. 57.
499 Anmerkung: Für einen Einstieg in das Thema vgl. Meyer, Sophia: Bibliotherapie: eine aktuelle Bestandsaufnahme (Initialen 30). Mainz: Mainzer Institut für Buchwissenschaft 2016.
500 Vgl. Miedema: Slow Reading, S. 57–59.
501 Ebd., S. 58.

rapy that is hard to find online.«[502] Wie erwähnt wurde, kann das Lesen von Fiktion oftmals in schwierigen Lebenssituationen weiterhelfen und Slow Reading soll den Leser generell für neue Denkweisen und Ideen öffnen, um ihm das alltägliche Leben zu erleichtern.

Slow Reading und Literatur im Allgemeinen sind in der Lage, dem Leser einen Spiegel vorzuhalten, ihn reflektieren zu lassen, ihn nachhaltig zu beeinflussen und gar zu verändern: »Unlike our modern consumption of information, slow reading is a journey that fundamentally changes us.«[503] Der Leser soll die Erinnerung an das Leseerlebnis mitnehmen können:

> *And when we have finished reading, we take away not a set of facts or a sense of the book's ›message‹, but the memory of an experienced place, a country we have travelled to. The ardent, rewarding commitment to a book we have learned to love: this is the real point.*[504]

5.2.4 *For Slow Reading »the print book is the superior technology«*[505]

Seit der digitalen Revolution wird gedruckten Büchern das Ende vorausgesagt. Damit reiht sich das Buch in eine Tradition ein, bei der den aktuellen Leitmedien in Folge von Medienumbrüchen der Untergang oder die Ablösung prognostiziert und Menschen durch immer ähnliche Sorgen und Ängste geplagt werden. Seit geraumer Zeit befürchten Buchliebhaber und Verlage, dass das E-Book, das Internet und wachsende Möglichkeiten für das Selfpublishing dafür verantwortlich sein könnten, gedruckte Bücher gänzlich aus den Einkaufsregalen zu verbannen. Tatsächlich lassen sich diese Befürchtungen noch lange nicht bestätigen und auch wenn sich der Medienkonsum verändert, heißt das nicht zwangsläufig, dass keine gedruckten Bücher mehr gelesen werden. Die Vertreter des Slow Readings sind ebenfalls treue Anhänger des gedruckten Buches. John Miedema sieht Printformate nach wie vor als überlegene Form für lange und komplizierte Texte an.[506] Wie in Kapitel 3 aufgezeigt wurde, wird heutzutage sehr viel online oder digital gelesen. Es wird auch nicht zwangsläufig weniger gelesen, sondern tendenziell sogar mehr. Für Miedema gibt es viele Texte, die berechtigterweise in digitaler Form gelesen und konsumiert werden. So zum Beispiel Zeitungen, deren

502 Mikics, David: In Praise of (Offline) Slow Reading.
503 Miedema: Slow Reading, S. 8.
504 Mikics: Slow Reading in a Hurried Age, S. 45 f.
505 Miedema: Slow Reading, S. 35.
506 Vgl. ebd., S. 20.

Artikel dank digitaler Form wesentlich schneller erneuert werden können, als es die Printform zulassen würde.[507] Aber das Lesen von digitalen Medien unterscheidet sich in vielen Punkten vom Lesen in einem gedruckten Buch:

> *Reading online is quite different from reading print. For example, it is the essence of hypertext to point the reader away from the page being read. Print does not have this distraction and so is better suited to slow reading. [...] Those who are still literary readers, slow readers, are doing it in print.*[508]

Dazu kommt, dass andere Medien oftmals einfachere Zugänge bieten und deswegen attraktiver erscheinen können: »Clearly traditional practices in reading are challenged by media forms that provide more immediate gratifications.«[509] Diejenigen, die sich trotzdem für das Lesen entscheiden, sollten laut Miedema auf die gedruckte Ausgabe des Werkes zurückgreifen, denn er hält diese für die einzig wahre Form der Literatur: »However, to read anything of length or substance, to read slowly, we need print books for their superior readability.«[510] Er zählt auch die Haptik und das Gefühl für die verbleibenden Seiten als Vorteile des gedruckten Buches mit auf, bezieht sich aber noch auf weitere Eigenschaften.[511] Für ihn ist das Buch auch deswegen die einzig wahre Form für Slow Reading, weil es fixiert ist und damit ermöglicht, den Gedanken des Autors ohne Ablenkung und ohne verfremdete Reihenfolge zu folgen:

> *While print books have many features that resist digitalization, it has one fundamental feature that undercuts the need for digital technology: fixity. Print has the virtue of capturing an idea in a fixed form so that it can be read slowly and processed. Neural inhibition requires fixity, giving the brain the opportunity to open deeply to a text, to evaluate it without concern that it will change. You cannot click away. There are no message notifications. For slow reading, I seldom need full-text searching*

507 Vgl. ebd., S. 22.
508 Ebd., S. 28.
509 Newkirk: The Art of Slow Reading, S. 36.
510 Miedema: Slow Reading, S. 37.
511 Vgl. ebd., S. 31.

because I am trying to recreate the author's original intentions, reading in the linear format the ideas as they were intended to be read.[512]

Das E-Book bietet zwar auch eine fixierte Form des Inhaltes, Miedema merkt aber an, dass man für eine vergleichbare Leseerfahrung erst alle Töne, Nachrichten und Extras ausschalten müsse. Da dann eine Art »gedrucktes« Buch übrig bliebe, könne auch gleich auf die Printform zurückgegriffen werden.[513] David Mikics bevorzugt ebenfalls das gedruckte Buch. Den Vorteil gegenüber dem online Lesen sieht er ebenfalls in dessen Fixiertheit. Das Buch bietet nur wenige Ablenkungen, wie beispielsweise Bilder. Da es sich dabei und beim reinen Text um unbewegliche Elemente handelt, wird die ausschließliche Konzentration auf das Lesen erleichtert.[514] Da E-Books Ähnliches leisten können, schließt er sie nicht komplett aus dem Slow Reading aus: »The traditional book, whether in electronic or bound paper form, remains the best format for reading.«[515] Er zählt ebenfalls die Haptik als wichtigen Vorteil des gedruckten Buches auf und entscheidet sich auch deswegen persönlich immer für das gedruckte Buch.[516] Diese Haptik und die Fixiertheit sind Elemente, die E-Books ebenfalls einbauen möchten, um das Leseerlebnis an die Printausgabe anzugleichen.

That's why the best e-readers simulate the feel of books as closely as they can. The basic appeal of the e-reader is that it relives us from carrying around bulky tomes. [...] We want e-reader to supply the intimacy of a book: we want to browse, flip pages, write a note in a margin. [...] But books ask for our full attention, so that such electronic extras usually just get in the way.[517]

Miedema erkennt die Vorteile, wie den einfachen Transport, die Möglichkeit mehrere Bücher mitzunehmen und den schnellen Kauf neuer Bücher, für gewisse Arten des Lesens an; das E-Book biete aber trotzdem keine Grundlage für Slow Reading.[518] »Despite all their efforts, for some kind of

512 Miedema: Slow Reading, S. 34 f.
513 Vgl. Lacy: The Slow Book Revolution, S. 10.
514 Vgl. Mikics: Slow Reading in a Hurried Age, S. 22.
515 Ebd., S. 46.
516 Vgl. ebd., S. 46 f.
517 Ebd., S. 22.
518 Vgl. Miedema: Slow Reading, S. 35.

reading – long-form reading, slow reading – the print book is the superior technology.«[519] Dabei möchte er die Rolle von E-Books und von anderem digitalem Lesestoff, wie beispielsweise Internet-Blogs, Webseiten, Text bei Video- oder PC-Spielen usw., nicht degradieren. Aber »Reading for information is not the same as slow, deep reading, reading for pleasure and understanding.«[520] Es handelt sich um eine andere Form des Lesens mit einem anderen Ziel, welches dennoch relevant ist. »The arguments in favour of slow reading are not intended to denigrate the advances of digital technology, but rather to clarify its position in our information ecology.«[521] Trotzdem hat das E-Book einige Nachteile gegenüber dem gedruckten Buch, die auch Mikics den zukünftigen Slow Readern mit auf den Weg geben möchte. Auch wenn er das Lesen im Buch, egal welcher Form dem Lesen im Internet vorzieht, so sieht er doch Anlass sich Miedemas Meinung anzunähern und das gedruckte Buch zu empfehlen.[522]

> *Yet e-books have a disadvantage: they promote forward motion rather than slow, considered reading. It's harder to flip back and forth in an e-book than it is in an old-fashioned printed volume. A print book is designed to aid slow reading, by making it easy for you to look back at what you've already read. By contrast, when you read an e-book, the earlier pages seem to vanish.*[523]

Verlage hätten außerdem herausgefunden, dass E-Books wesentlich seltener zu Ende gelesen werden als gedruckte Bücher und schon die materielle Präsenz des Printprodukts würde als stetige Aufforderung zum Lesen animieren, das E-Book würde schnell vergessen werden.[524] In Hörbüchern und -spielen sieht Mikics keine Alternative zum gedruckten Text. Er möchte das Geschriebene lesen und nicht hören, möchte sich währenddessen keine Musik anhören oder Kunst anschauen, sondern mit seiner ganzen Konzentration beim Werk sein, ohne von Ablenkungen unterbrochen zu werden. Wie Miedema sieht er das gedruckte Buch als einziges Medium, das diese Bedürfnisse zu stillen

519 Ebd.
520 Mikics: Slow Reading in a Hurried Age, S. 1.
521 Miedema: Slow Reading, S. 39.
522 Vgl. Mikics: Slow Reading in a Hurried Age, S. 46 f.
523 Ebd., S. 46.
524 Vgl. ebd.

vermag.[525] Miedema ist sich zudem sicher, dass das Printbuch genau deswegen weiterhin Bestand haben werde. Das tiefe Bedürfnis nach Slow Reading kann nur durch die Printausgabe gestillt werden und sichere somit deren Zukunft:

> *[...] there is something enduring about print that we are just beginning to appreciate, and will keep it as part of information landscape for the foreseeable future. If this is so, there must be a hard centre of print that cannot finally be tackled by future technological innovation. [...] that the hard centre of print is our need for slow reading.*[526]

Megan Lacy, Autorin von *The Slow Book Revolution*[527] sieht zwar auch die Vorteile des gedruckten Buches gegenüber denen des elektronischen, beendet ihre Abhandlung über diese Frage allerdings mit der Zusammenfassung: »Ultimately, the purpose of Slow Books is to encourage reading, whether in print or on an eReader.«[528]

5.3 Slow Reading in der Praxis

5.3.1 Besondere Techniken

Einige Anweisungen zur genauen Umsetzung, beispielsweise die Lesegeschwindigkeit, die Freiwilligkeit und das wiederholte Lesen, wurden bereits angeschnitten oder beschrieben. Es gibt allerdings noch mehr Praktiken, die für das Slow Reading empfohlen werden, weshalb einige Techniken ausführlicher vorgestellt werden.

Ein erster Punkt bezieht sich auf die **Vorbereitung** vor dem Lesen. Der Leser soll einen stillen Ort suchen, an dem er sich wohl fühlt, Musik, Handy und den Fernseher ausstellen und sich ganz auf die bevorstehende Lektüre konzentrieren.[529] Die genaue Position und die Tageszeit für das Lesen sollten ebenfalls gut überlegt werden.[530] Jeder habe eine bevorzugte Zeit und müsse frei entscheiden. Mikics rät beispielsweise von zu spätem Lesen ab: »Don't read too late at night, when you're dead tired and can't focus.«[531] Bevor der Leser mit dem Lesen anfängt, sollte er sich außerdem erst mit dem Werk beschäftigen:

525 Vgl. Mikics: Slow Reading in a Hurried Age, S. 22 f.
526 Miedema: Slow Reading, S. 26.
527 Lacy: The Slow Book Revolution.
528 Ebd., S, 10.
529 Vgl. Miedema: Slow Reading, S. 64.
530 Vgl. Mikics: Slow Reading in a Hurried Age, S. 51.
531 Ebd.

> *Research can give you a context to the book. Consider why you are reading this book. What do you hope to gain? Notice the selection of binding, paper and type. Was it picked for a reason? Now you are ready for slow reading.*[532]

Dabei kann die Recherche von politischen und historischen Hintergrundinformationen wichtig für das spätere Verstehen des Textes sein, sollte diesen allerdings nicht auf zeitgenössische Umstände reduzieren.[533] Im Laufe des Leseprozesses soll möglichst das vollständige Buch inklusive Vorwort, Nachwort, Rückseite, Anhang und Abbildungen gelesen werden.[534] Um sich anschließend noch intensiv mit dem Buch zu beschäftigen, empfiehlt Miedema das Schreiben eines Reviews.[535] Damit Slow Reading gelingen kann, vervollständigt Mikics diese Anregungen mit der Aufforderung, während des ganzen Leseprozesses **geduldig** zu sein.[536]

> *We must be patient not to be overwhelmed by a book's difficulties. We must be patient to let ourselves be perplexed; to figure out, by trial and error, how to ask the right questions of a book. We must be patient to put the time and effort needed to read well.*[537]

Thomas Newkirk und auch David Mikics bieten zusätzlich einen ganzen Katalog an Lesetechniken und Arbeitsschritten an, die während des Slow Readings unterstützen sollen. Als erste Praxis schlägt Newkirk **Performing** vor. Mit Performing meint er das laute Lesen, das in der Antike und im Mittelalter lange Zeit die dominierende Form des Lesens war. Auch wenn Newkirk der Meinung ist, dass auch stilles Lesen nie wirklich ohne Ton funktioniere, sieht er im lauten Lesen viele Vorteile für Slow Reading. Er ist sich sicher, dass vor allem Leser, die normalerweise Schwierigkeiten mit dem Zugang zu Literatur haben, durch lautes Lesen oder sogar durch Zuhören profitieren können.[538]

532 Miedema: Slow Reading, S. 64 f.
533 Vgl. Mikics: Slow Reading in a Hurried Age, S. 66 f.
534 Vgl. Miedema: Slow Reading, S. 65.
535 Vgl. ebd.
536 Vgl. Mikics: Slow Reading in a Hurried Age, S. 55.
537 Ebd., S 54.
538 Vgl. Newkirk: The Art of Slow Reading, S. 44–62.

> *I am convinced that such reading is critical in helping students create the internal performances that good literature invites us to create […]. […] Oral reading was a manageable bridge to these authors – they became accessible, even powerful in small, oral doses.*[539]

Auch Miedema empfiehlt Performance Reading im Zusammenhang mit Kindern und Jugendlichen in der Freizeit und in der Schule. Dabei lesen die Schüler gemeinsam den Text vor, stehen dazu auf und bringen auch ihren Körper, Bewegungen und Ausdruck mit ein.[540] Durch diese andere Herangehensweise an das Werk, muss sich der Leser auf eine intensive Weise mit den Charakteren und der Handlung auseinandersetzen.

> *The success of slow reading in the classroom compels an expansion of its meaning. It turns out that slow reading is useful and entertaining for people of all ages. Innovations such as performance reading extend the notion of slow reading to anything that deepens reader's processing of a text.*[541]

Eine weitere Praxis, die beim Slow Reading helfen soll, ist für Newkirk das **Memorizing** einzelner Passagen und Absätze. Durch das Auswendiglernen einzelner Textstellen könne der Leser eine sehr intensive Beziehung zum geschriebenen Wort und zu dem Stil des Autors eingehen. Wie schon erläutert, ist dies auch eine Praxis des religiösen Lesens. Ein Ziel ist es, die gelernten Passagen jederzeit abrufen zu können und dadurch Trost, Hilfe oder Wissen zu erlangen.[542] »Memorizing is also a pledge of allegiance, an act of loyalty and deep respect, of affiliation. As if to say that there is language so important – religiously or civically – that it must be retained verbatim.«[543] Deswegen werden unter anderem auch Schwüre und Eide mündlich aufgesagt. Durch das Auswendiglernen kann man zudem auch den Stil des Autors besser erfassen, kennenlernen und wertschätzen.[544] Es kann zu einem tiefen Textverständnis, aber vor allem zu einer einzigartigen emotionalen Bindung zum Gelesenen führen.

539 Newkirk: The Art of Slow Reading, S. 62.
540 Vgl. Miedema: Slow Reading, S. 14.
541 Ebd.
542 Vgl. Newkirk: The Art of Slow Reading, S. 76.
543 Ebd., S. 76 f.
544 Vgl. ebd., S. 77.

By engaging in the intimacy of memorization, we pay attention in a powerful way. Memorization reminds us that individual words matter; it forces us to attend to the rythm and construction of sentences – it is the ultimate tribute that we can pay to authors, that their words are ›taken to heart.‹[545]

In diesem Tribut an den Autor und an das geschriebene Wort sieht Thomas Newkirk eine besonders intensive Art des Slow Readings. Auch wenn es nicht direkt etwas mit dem reinen Lesen an sich zu tun hat, so stellt es für ihn eine Möglichkeit dar, das Gelesene nachhaltig zu verstehen, es in sich aufzunehmen und damit eine tiefgreifende und nachhaltige Beziehung zu Werk und Autor einzugehen. Ein ganz ähnliches Ziel verfolgt Mikics Anweisung an den Leser, Bücher so oft wie möglich zu lesen.[546] Beim **wiederholten** Lesen eines Buches kann der Leser zwar auch enttäuscht werden, er kann aber auch neue Dimensionen des Buches kennenlernen, sich an Beziehungen erinnern, die er beim erstmaligen Lesen aufbauen konnte und etwas über sich selbst erfahren.[547] »Comparing earlier and later responses to a book in order to understand it better is a way of developing your friendship with the book: we usually need to see someone more than once before becoming friends.«[548]

Nur durch mehrmaliges Lesen könne der Leser alle Bedeutungen und Handlungsstränge in deren Komplexität erfassen: »If the reader wants to grasp the richness of a book, she must measure her response: she must see how her first impression differs from her second, and try to figure out why.«[549] Die dritte von Newkirk empfohlene Praxis, um ein Werk besser zu verstehen, ist das **Centering**. Der Leser müsse zuerst das Center, also den Mittelpunkt oder besser die Hauptthematik des Textes finden, die **Schlüsselwörter** auswählen und wichtige Zitate erkennen und eventuell herausschreiben.[550] Auch für Mikics sind Schlüsselwörter »the vital threads that allow you to trace the argument of a book [...].«[551] Um diese und die Bedeutung des Abschnittes bzw. des gesamten Textes richtig einordnen zu können, empfiehlt er das Nutzen eines Wörterbuches.[552]

545 Ebd., S. 83.
546 Vgl. Mikics: Slow Reading in a Hurried Age, S. 48.
547 Vgl. ebd., S. 48 f.
548 Ebd., S. 49.
549 Ebd.
550 Vgl. Newkirk: The Art of Slow Reading, S. 42.
551 Mikics: Slow Reading in a Hurried Age, S. 121.
552 Ebd., S. 114–121.

> *Take the time to look up words that strike you as important, even if you think you already know their meaning. You'll be surprised at what you will learn from a good dictionary: dimensions of meaning that you could never have figured out on your own.*[553]

Durch die neuen Erkenntnisse könnten das Lesen und das Verständnis für den Text noch stärker vertieft werden. Er warnt jedoch vor einem zu häufigen Unterbrechen des Leseflusses, während Newkirk an anderer Stelle sogar zum Unterbrechen und Reflektieren auffordert. Der Leser solle laut Mikics so oft wie möglich das Wörterbuch zu Rate ziehen, ohne dabei den Lesefluss zu unterbrechen und rät, maximal einmal pro halbe Stunde dafür zu pausieren.[554] Ziel des Lesens sollte sein, den fundamentalen Fragen, welche den Autor zum Schreiben des Werkes motivierten, nachzuspüren. Diese Aufgabe ist laut Mikics die schwerste und erfordere eine lange Beschäftigung mit dem Autor und dem Geschriebenen.[555] Um dieses Ziel zu erreichen, empfiehlt Newkirk das **Markieren von Textstellen** und Wörtern und das Benutzen von Klebestreifen. Eigene Anmerkungen und Notizen sollen ebenfalls in das Buch eingetragen werden.[556] Diese, vor allem aus dem Literaturunterricht bekannte Strategie sieht Newkirk als nützlich an, um besonders schwierige Texte sinnvoll aufzubereiten und zu verstehen.[557] Die Markierungen seien zudem auch das Zeugnis des eigenen Lesens: »[...] that readers will find their own entry points to a piece of writing; they will make their marks, depending on their purposes, on the associations they make, on their prior experiences, their age, gender.«[558]

Mikics sieht im **Niederschreiben der eigenen Gedanken** ebenfalls einen wichtigen Aspekt des Slow Readings. Er empfiehlt, die Notizen entweder direkt in das Buch zu schreiben oder ein separates Notizbuch zu führen. Dabei könnten Notizen als ein Gespräch mit sich selbst funktionieren und wenn man ein Buch öfter lesen und immer neue Notizen schreiben würde, könne der Leser seine eigene Entwicklung nachempfinden.[559]

553 Mikics: Slow Reading in a Hurried Age, S. 115.
554 Vgl. ebd., S. 115 f.
555 Vgl. ebd., S. 127.
556 Vgl. ebd., S. 94 f.
557 Vgl. Newkirk: The Art of Slow Reading, S. 106.
558 Ebd., S. 117.
559 Vgl. Mikics: Slow Reading in a Hurried Age, S. 156 f.

> *If you compare your earlier reactions to a book with your later ones and keep a record of them, you will find that head-scratchings have been replaced by interesting observations, and baffled questions by more substantial ones.*[560]

Die vierte Praxis Newkirks ist »**Problem finding** – interrupting the flow of reading to note a problem or confusion, and then adopting strategies to deal with the problem.«[561] Newkirk fordert den Leser dazu auf, so oft wie nötig innezuhalten, denn »problem finding is an essential aspect of slow reading.«[562] Wie schon erwähnt, rät Mikics vom unnötigen Unterbrechen des Leseflusses ab, hält seine Leser aber dazu an, die richtigen Fragen zu stellen[563]: »Useful questions connect elements of a book together [...].«[564] Eine weitere Praxis, um mit Problemen beim Lesen umzugehen, ist für ihn, den Text während des Lesens in einzelne Abschnitte einzuteilen. Durch das Erkennen von unterschiedlichen Abschnitten könnte der Leser die Struktur sowie einschneidende Veränderungen in der Handlung besser erkennen und verstehen.[565] »[...] I show how a piece of writing has a structure that readers are able to discover, once they have learned to slow down and notice details. It's important to find the significant changes in a work [...].«[566]

Newkirks nächster Tipp ist »**Reading like a writer.**«[567] Hierbei gilt es, die einzelnen Wörter und das Geschriebene ganz besonders zu beachten und wertzuschätzen und dadurch ein neues, intensives Gefühl für das geschriebene Wort zu erlangen, um den **Stil des Autors besser erfassen** zu können. Wie beim Abschreiben oder Zitieren einzelner Passagen bekommt der Leser auf diese Art ein direktes Gefühl dafür, wie der Satz erschaffen wurde. Newkirk ermutigt den Leser auch dazu, das vom Autor Geschriebene zu überdenken und **per Gedankenexperiment Änderungen vorzunehmen.**[568] Er gibt unter diesem Punkt Tipps zum eigenen Schreiben sowie Anregungen für die Verbesserung des eigenen Geschriebenen und möchte aufzeigen, dass der Leser durch Slow Reading zu einem besseren Schriftsteller werden kann.

560 Ebd., S. 157.
561 Newkirk: The Art of Slow Reading, S. 43. Anmerkung: Hervorhebung im Original.
562 Ebd., S. 132.
563 Vgl. Mikics: Slow Reading in a Hurried Age, S. 61.
564 Ebd., S. 62.
565 Vgl. ebd., S. 144.
566 Ebd., S. 144 f.
567 Newkirk: The Art of Slow Reading, S. 43.
568 Vgl. ebd., S. 144.

Auch Mikics widmet dem Überdenken der Entscheidungen des Autors einen eigenen Abschnitt.[569] Der Wortwahl des Autors sollte besondere Beachtung beigemessen werden, um gegebenenfalls Verbesserungen vorzunehmen, mit der Überlegung, welche Konsequenzen einzelne Änderungen nach sich ziehen würden:[570]

> *It's always a useful exercise to imagine how the author might have begun or ended a work differently, or changed a crucial moment in its plot. Develop a sense of the decisions a writer makes by practicing thought experiments […]. You will gain a new knowledge of how writers work, the choices they make.*[571]

Die letzte Praxis Newkirks ist »**Elaborating** – developing the capacity to comment and expand upon texts, sometimes referred to as ›opening a text‹.«[572] Auch in diesem Unterpunkt geht es darum, durch explizite Lesetechniken das eigene Schreiben von Texten zu verbessern. Er richtet sich an Schüler und Studenten, um mit Hilfe von Slow Reading die eigenen Fähigkeiten zu verbessern. Alle besonderen Leseformen, die Thomas Newkirk in seinem Buch über Slow Reading empfiehlt, ähneln einem Slow Teaching Ansatz. Für den Autor können die genannten Techniken bei Lesern aller Altersklassen und in jeglichen Lesesituationen eingesetzt werden. Er sieht darin jedoch besondere Chancen für Schüler, die noch keinen eigenen Zugang zur Literatur oder Interesse am Lesen entwickeln konnten.

Mikics ergänzt Newkirks Anweisungen um den Ratschlag »**Be Suspicious.**«[573] Er warnt davor, den ersten Impulsen hinsichtlich Personen und Handlung nachzugeben, »since every good author wants to frustrate your desire for simple meanings.«[574] Der Leser sollte während der gesamten Lektüre argwöhnisch bleiben, Charakteren gegenüber offen sein und nach versteckten Fallen des Autors Ausschau halten.[575] »With Homer as with many other authors, the reader's suspicions increase her awareness of the book's

569 Mikics: Slow Reading in a Hurried Age, S. 168–176.
570 Vgl. ebd., S. 168.
571 Ebd.
572 Newkirk: The Art of Slow Reading, S. 43. Anmerkung: Hervorhebung im Original.
573 Mikics: Slow Reading in a Hurried Age, S. 135. Anmerkung: Hervorhebung J. K.
574 Ebd.
575 Ebd.

rich complexity, its capacity to test its readers as it tests its characters.«[576] Seine letzte Regel, die zunächst wie eine simple Aufforderung erscheint, erfordert vom Leser Recherchearbeit. »**Find Another Book**«[577] möchte nicht nur, dass der Leser sich schnellstmöglich ein neues Buch zum Lesen sucht, sondern zielt darauf ab, den Leser für die nächste Lektüre zu sensibilisieren. Er möchte auf die zahlreichen Beziehungen und Konversationen zwischen Autoren und auf intertextuelle Bezüge aufmerksam machen.[578]

> *Books talk to one another; in cases of influence, most obviously, but not only then. We broaden the dialogue between author and reader when we bring in unexpected books and make them argue with each other. [...] Books speak to each other across the lines of genre, era, nation, and culture.*[579]

Es muss sich jedoch nicht immer um direkte intertextuelle Bezüge handeln, Bücher können auch durch ähnliche Themen in Verbindung zueinanderstehen.[580]

> *The more you learn about the rich and complicated society of books, how they compete for our interest, and talk to each other as well as to us, the better reading becomes. Books argue with each other: finding another book sometimes means finding one that contradicts the one you just read.*[581]

Miciks möchte die Leser für die Auswahl der Lektüre sensibilisieren und verdeutlichen, dass das Lesen verschiedener, sich beeinflussender Werke oftmals zu spannenden Erkenntnissen führen kann. Nach dem Beenden eines Werkes sollte also die Auswahl des nächsten mit Bedacht geschehen.

Eine Vielzahl der genannten Techniken sind jedoch keineswegs neu oder nur dem Slow Reading vorbehalten. Wie schon die Parallelen zu den Literaturwissenschaften aufzeigen, bedient sich Slow Reading bei bekannten Methoden. Werner Graf fasst in seinem Aufsatz *Leseverstehen komple-*

576 Ebd., S. 144.
577 Ebd., S. 176. Anmerkung: Hervorhebung J.K.
578 Vgl. ebd.
579 Ebd., S. 176 f.
580 Vgl. Mikics: Slow Reading in a Hurried Age, S. 177.
581 Ebd., S. 181.

xer Texte[582] einige Beispiele für bewährte Lesestrategien zusammen und zählt dabei nahezu alle, für Slow Reading genannte hilfreiche Lesetechniken, mit auf.[583]

5.3.2 *Slow Reading Clubs and Silent Reading Partys*

Wie im letzten Kapitel aufgezeigt, bedeutet Slow Reading unter anderem, sich für das Lesen genügend Zeit zu nehmen, alle Ablenkungen auszublenden und dadurch einen tieferen Zugang zum Werk zu erreichen. Vielen Menschen fällt aber die Konzentration auf nur eine Sache immer schwerer. Durch die Verlockungen anderer Medien wird man häufig abgelenkt und teilweise sogar dauerhaft bei einer Tätigkeit unterbrochen. Auch wenn sich viele Leser nach einem Ort sehnen, an dem sie in Ruhe und ohne Störungen für eine längere Zeit lesen können, fällt es ihnen schwer, sich dazu durchzuringen, diesen zu Hause zu schaffen oder eine Bibliothek zu besuchen. In der Forschungsliteratur über Slow Reading wird den Lesern empfohlen, ein gemütliches Plätzchen in der eigenen Wohnung zu finden und alle elektronischen Geräte auszuschalten. Für viele reicht das aber nicht mehr aus. Diesen Schwierigkeiten wollen Slow Reading Clubs entgegenwirken.

Slow Reading Clubs oder auch Silent Reading Partys sind demnach eine Art der Umsetzung der Slow Reading Ideale und schaffen einen Raum, um gemeinsam Slow Reading zu praktizieren. Dabei handelt es sich um eine relativ neue Entwicklung im Slow Reading Movement, denn sie treten erst ab 2014 auf die Bildfläche. Seitdem erfreuen sie sich wachsender Beliebtheit. Die erste verzeichnete Silent Reading Party fand im Februar 2014 statt,[584] dicht gefolgt vom ersten Slow Reading Club,[585] der im Herbst 2014 das erste Mal zusammenkam. Begeisterte Leser haben es sich mit diesen Veranstaltungen zur Aufgabe gemacht, eine ruhige und entspannte Atmosphäre zu schaffen und einen Raum für das stille, langsame und vor allem ungestörte Lesen zu bieten. Durch das gemeinsame Treffen kommt eine soziale Komponente hinzu. Außerdem soll mit der terminlichen Vereinbarung sichergestellt werden, dass man sich auch wirklich die Zeit für das Lesen nimmt und sich nicht ab-

582 Graf: Leseverstehen komplexer Texte.

583 Vgl. ebd., S. 195.

584 Vgl. Silent Reading Party New York City. Webseite. URL: http://silentreadingpartynyc.com/ [29.04.2016].

585 Vgl. Whalen, Jeanne: Read Slowly to Benefit Your Brain and Cut Stress. At Least 30 Minutes of Uninterrupted Reading With a book or E-Book Helps. In: The Wall Street Journal vom 16. September 2014. URL: http://www.wsj.com/articles/read-slowly-to-benefit-your-brain-and-cut-stress-1410823086 [29.04.2016].

lenken lässt. Seinen Anfang nahm diese Form des Slow Readings in Seattle. Dort hielt Christopher Frizzelle, Herausgeber der Zeitung *The Stranger*, Anfang 2014 die erste Silent Reading Party im *Sorrento Hotel* ab.[586] Seitdem findet diese jeden ersten Mittwoch des Monats statt und erfreut sich großer Beliebtheit. Von 18.00 bis 20.00 Uhr können sich begeisterte Leser in dem atmosphärischen Raum einen Platz suchen, um dort in ihrem (elektronischen oder gedruckten) Buch zu lesen. Währenddessen gibt es live Musik von wechselnden Künstlern. In dem traditionsreichen Hotel wird der *Fireside Room* an diesen Abenden nur für die Silent Reading Party verwendet. Ein Kamin, dunkle Holzvertäfelungen, Ledersofas und -sessel und die Musik sorgen für eine gemütliche Atmosphäre, die zum Lesen einlädt. Wenn die Musik um sechs Uhr abends zu spielen anfängt, beginnt die Veranstaltung offiziell und alle Gespräche müssen fortan eingestellt werden. Die einzige Regel ist, dass währenddessen nicht geredet werden darf. Und da jeder sein eigenes Buch mitbringt, gibt es auch anschließend keine Gesprächsrunde über das Gelesene, wie es bei manchen Buchclubs der Fall ist. Bei dieser Form des Slow Reading Clubs kann jedoch gegessen und getrunken werden. Die Besucher können sich ihr Essen bestellen und bekommen dieses an ihren Platz gebracht. Der Andrang ist seit dem Beginn dieser monatlichen Veranstaltung ungebrochen und die Besucher müssen vorab einige Zeit zum Anstehen einplanen, denn die Plätze sind schnell belegt. Es geht dabei um die Tätigkeit des Lesens an sich, sich dafür Zeit zu nehmen und ungestört zu sein. Zwischen vielen Printausgaben sieht man auch einige E-Book Reader.[587] Den ersten Nachfolger gab es schon kurze Zeit später in New York City. Gründerin Jamie Burns wurde auf den Club in Seattle aufmerksam, wollte etwas Ähnliches anbieten und gründete im Februar 2014 die *Silent Reading Party NYC*. Bei dieser kurzlebigen Party handelte es sich ebenfalls um eine offene Gesellschaft, die jeden willkommen hieß. Voraussetzung war, dass sich jeder ein Buch mitbrachte und gewillt war, in Stille zu lesen, während um ihn herum andere derselben Beschäftigung nachgingen.[588]

586 Vgl. Denhoed, Andrea: Reader's Night Out. In: The New Yorker vom 23. Mai 2014. URL: http://www.newyorker.com/books/page-turner/readers-night-out [29.04.2016].

587 Vgl. The Stranger. Webseite. Silent Reading Party.

588 Vgl. Silent Reading Party New York City. Webseite.

> *Silent Reading Party NYC aims to give readers a comfortable, quiet environment in which reading can be a social but non-performative event. Instead of privileging a single book, a single reader, or group discussion, this event invites participants to share the actual experience of reading.*[589]

Dabei sollten die Abende meistens in einer Bar, einem Café oder gar in einem Hotel abgehalten werden. Tatsächlich konnte dieser Plan nicht umgesetzt werden und sie fanden immer in derselben Bar in Brooklyn statt. Diese ist mit vielen nicht zusammenpassenden Sofas, diversen Sesseln und schummrigem Licht ausgestattet. Auch hier gab es musikalische Begleitung von wechselnden Musikern. Es handelte sich aber ausschließlich um instrumentale Musik. Beim Ankommen bekam jeder eine kleine Leselampe, um diese an dem eigenen Buch zu befestigen. Hier dauerte die Stille für das Lesen drei Stunden. Dabei musste natürlich niemand drei Stunden bleiben, die meisten nutzten die Zeit aber aus. Auch wenn danach noch geblieben und sich unterhalten werden konnte, nahmen dies nur die wenigsten in Anspruch. Burns glaubt, dass sich die Besucher von dem sozialen Zusammentreffen angezogen fühlten, und dass ein gemeinsames Lesen eine Energie freisetzt, die die Leser anrege.[590] Das Projekt funktionierte ca. ein Jahr lang, die letzte Party war über die Facebook-Seite für September 2014 angesetzt, seitdem gibt es keine neuen Einträge.[591] Die Journalistin Andrea Denhoed besuchte eine der Partys, um einen Artikel für *The New Yorker* zu verfassen.[592] Sie schreibt:

> *All of the attendees I talked to [...] said that they became interested in these parties because they seemed to offer a chance for undistracted reading. This was superior to their apartments (too noisy), libraries (too institutional), and parks (too unpredictable). But the thing they seemed to value most about the event was [...] ›a mild peer pressure' that made them uncomfortable about looking at their phones.*[593]

589 Silent Reading Party New York City. Webseite.

590 Vgl. Denhoed, Andrea: Reader's Night Out.

591 Vgl. Silent Reading Party New York City. Facebook Seite. URL: https://www.facebook.com/ReadingPartyNYC [29.04.2016].

592 Vgl. Denhoed, Andrea: Reader's Night Out.

593 Ebd.

Dieser Gruppenzwang ist ein wichtiges Motiv der Slow Reading Clubs. Wie in Kapitel 3 aufgezeigt, fällt es zunehmend schwer, sich den zahlreichen Versuchungen zu widersetzen, die beim Lesen unterbrechen können. Es hilft den gewillten Lesern, einen festen Termin zu haben und mit anderen zusammen das Ziel des konzentrierten Lesens zu verfolgen. Nach den ersten Clubs in den USA folgte im September 2014 der erste Slow Reading Club in Wellington in Neuseeland. *Slow Reading Co.* wurde allerdings schnell zu mehr als einer bloßen Veranstaltung. Aus dem Wunsch heraus, wieder einmal zu lesen, beschäftigte sich die Gründerin Meg Williams mit Slow Reading und entschied sich, eine Plattform für Slow Reader und für die, die es werden wollen, zu gründen.[594] Daraus resultierte eine Internetseite, die über den Slow Reading Club und dessen Ziele informiert und dabei helfen soll, weltweit neue Slow Reading Clubs aufzubauen. Außerdem werden über die Webseite die Termine des Wellington Clubs, aber auch Termine anderer Clubs veröffentlicht und die jeweiligen Veranstalter vorgestellt. Es gibt bereits Spin-off Clubs in England, Kanada, Spanien, Japan und den USA.[595] Dort werden zehn Tipps zum langsamen Lesen gegeben. Das offizielle Motto ist: »Calm Body – free yourself of digital disruption and simply focus on the act of reading,«[596] »Curious Mind – enjoy the stimulation that reading brings, improve your spelling and expand your vocabulary«[597] und »Open Heart – go on a journey with a character and experience their thoughts and perspectives.«[598] In Wellington sind die Treffen ebenfalls kostenlos und für jedermann offen. Sie finden allerdings nicht in einem kleinen Club, sondern in der Bibliotheks-Bar statt. Im Gegensatz zu den Clubs in den USA gibt es hier auch keine Musik, es handelt sich um vollkommene Stille.[599]

> *Slow Reading Clubs provide a weekly social for busy people to schedule an hour of quiet reading. It is normally in a private-ish space in a bar or cafe. There is no homework required and the Club is BYOB (bring your*

594 Vgl. Slow Reading Club in Wellington. Webseite. How it all began. URL: http://slowreadingco.com/2014/09/how-it-all-began/ [29.04.2016].

595 Vgl. ebd.

596 Slow Reading Club in Wellington. Webseite. About us. URL: http://slowreadingco.com/about-us/ [29.04.2016].

597 Ebd.

598 Ebd.

599 Vgl. Nakhle, Aileen: What's new? Slow Reading clubs. In: stuff.co.nz vom 14. Oktober 2014. URL: http://www.stuff.co.nz/life-style/well-good/inspire-me/10610359/Whats-new-Slow-reading-clubs [29.04.2016].

> *own book). You'll grab a drink, switch off the phone, cosy into a comfy seat and enjoy around an hour of quiet, uninterrupted reading. Afterwards those who want to stay and chat will do.*[600]

Über die Webseite kann man auch selber einen Club gründen, verpflichtet sich allerdings zu Gegenleistungen, führt deren Logo und hält sich an die Richtlinien.[601] Dieser Slow Reading Club sorgte für mehr Aufmerksamkeit, konnte sich auf andere Länder ausbreiten und wurde auch in Deutschland von einigen Zeitungen und Bloggern entdeckt.[602] Inzwischen gibt es weltweit noch weitere Slow Reading Clubs, alle mit demselben Ziel: Frustrierten Lesern einen Rückzugsort zu bieten, an dem sie fernab von den alltäglichen Ablenkungen und der Beschleunigung ein Buch mitbringen können, um darin ungestört und für eine bestimmte Zeit in Ruhe zu schmökern. Durch den terminlichen Druck und durch die Dynamik des Kollektivs werden die Teilnehmer dazu angeregt, sich zu konzentrieren; bei einigen Clubs gilt die Regel, alle elektronischen Gegenstände auszuschalten.

In Deutschland dauerte es bis Ende 2015 bis Slow Reading und vor allem die Slow Reading Clubs Interesse entfachen konnten. Seitdem wächst die Anzahl der Slow Reading Clubs nach dem amerikanischen und neuseeländischen Vorbild. In Kiel wurde am 19. Januar 2016 die erste Silent Reading Party veranstaltet.[603] Drei Studenten haben sich das *Café Godot* nahe der Universität in Kiel ausgesucht und veranstalten dort mit Hilfe des Besitzers einmal im Monat eine Silent Reading Party. Das Café ist gemütlich, hat zahlreiche Regale voller Bücher und bietet häufig Lesungen in den eigenen Räumen an. Im Gegensatz zu den amerikanischen Vorbildern gibt es hier keine begleitende Musik, sondern zwei Stunden vollkommene Stille. Jeder bringt sein eigenes Buch mit, es können Getränke und Kuchen bestellt werden und dann kann von 19.00 bis 21.00 Uhr die Stille genutzt werden, um in Ruhe zu lesen. Mit ca. 20 Besuchern pro Veranstaltung wird diese ähnlich gut ange-

600 Slow Reading Club in Wellington. Webseite. Slow Reading Clubs. URL: http://slowreadingco.com/slow-reading-clubs/ [29.04.2016].

601 Vgl. Slow Reading Club in Wellington. Webseite. Start a Slow Reading Club. URL: http://slowreadingco.com/start-a-slow-reading-club/ [29.04.2016].

602 Vgl. «Slow Reading» – Wenn Lesen zur Yoga-Übung wird. In: Süddeutsche Zeitung vom. 18. Dezember 2015. URL: http://www.sueddeutsche.de/news/gesundheit/gesundheit-slow-reading---wenn-lesen-zur-yoga-uebung-wird-dpa.urn-newsml-dpa-com-20090101-151119-99-03116 [29.04.2016].

603 Vgl. Silent Reading Party in Kiel. Facebook Seite. URL: https://www.facebook.com/events/780133535463702 [01.05.2016].

nommen wie die ausländischen Vorbilder.[604] Auch hier ist das anschließende Gespräch nicht verpflichtend, nur wer möchte, kann nach Ablauf der zwei Stunden bleiben und sich unterhalten. Die Veranstalter laden wie folgt zu ihren Partys ein:

> *Eine Silent Reading Party ist ein literarisches Beisammensein, bei dem alle lesen, was sie möchten. Es geht nicht darum, Literatur gemeinsam zu rezipieren und/oder zu diskutieren, sondern sich den ganzen Ablenkungen unseres alltäglichen Lebens zu entziehen, um eine Weile in Ruhe lesen zu können. Die eigene Wohnung ist oft zu laut und eine Bücherei vielleicht zu ungemütlich und zu öffentlich, eine Silent Reading Party hingegen bietet mit ihrer angenehmen Atmosphäre eine ganz besondere Gelegenheit des ungestörten Lesens. Und ist auszugehen und zu lesen nicht besser als zu Hause zu bleiben und vorzuhaben, aber es eventuell nicht zu schaffen, entspannt oder überhaupt zu lesen?*[605]

Am 10. April 2016 gab es auch in Düsseldorf die erste Silent Reading Party. In einem Vereinsheim des Kulturvereines *Damenundherren* lud Reiner Frey zum stillen Lesen ein. Ihm fiel die langanhaltende Konzentration zunehmend schwer und er vermisste das lange und ungestörte Lesen. Deswegen rief er die erste Düsseldorfer Silent Reading Party ins Leben.[606] Für eineinhalb Stunden heißt es dann *ssshhhut up!*[607] und Gespräche sind unerwünscht. Neben gemütlichen Sitzmöglichkeiten werden Heiß- und Kaltgetränke angeboten. Handys müssen auf Vibration um- und Gespräche eingestellt werden. Nach der Ruhephase finden dann eineinhalb Stunden *time to talk*[608]statt, in denen alle, die möchten, über ihr Gelesenes sprechen können.[609] Die Gründerin des

604 Vgl. Schade, Eberhard: Eine Stille, die beruhigt. In: Deutschlandradio Kultur vom 16. März 2016. URL: http://www.deutschlandradiokultur.de/silent-reading-parties-eine-stille-die-beruhigt.2165.de.html?dram:article_id=348527 [01.05.2016].

605 Silent Reading Party in Kiel. Facebook Seite. URL: https://www.facebook.com/events/780133535463702 [02.02.2018].

606 Vgl. Silent Reading – eine Party, die ganz neue Seiten aufschlägt. In: WAZ vom 17. April 2016. URL: http://www.derwesten.de/region/eine-party-die-ganz-neue-seiten-aufschlaegt-silent-reading-id11742870.html [01.05.2016].

607 Vgl. »sssshhhhut up!!!!« – erste düsseldorfer silent reading party. Ankündigung für die Silent Reading Party am 10. April 2016. In: damenundherren.de. URL: http://www.damenundherren.de/veranstaltungen/sssshhhhut-up-erste-duesseldorfer-silent-reading-party/ [01.05.2016].

608 Ebd.

609 Vgl. »sssshhhhut up!!!!« – erste düsseldorfer silent reading party. Ankündigung für die Silent Reading Party am 10. April 2016.

Kulturvereines Annette Krohn sieht den Erfolg der bisherigen Clubs im Ausland ebenfalls in der Gruppendynamik und in dem dadurch entstehenden Zwang, sich zu konzentrieren.[610]

> *Annette Krohn ist gespannt darauf, wie die Veranstaltung bei den Düsseldorfern ankommen wird: ›In Seattle, New York und London finden schon regelmäßig Silent Reading Partys statt, und die Leute sind begeistert. Lesen, während andere im selben Raum auch lesen, hat scheinbar einen gewissen Synergie-Effekt. Es beruhigt und motiviert.‹*[611]

Auch Reiner Frey sieht den Erfolg des Clubs, in dem Zwang zu lesen und darin, gemeinsam Stille zu erleben. Die Gruppe würde einen gewissen Druck schaffen, auch wirklich zu lesen, sich nicht vom Handy ablenken zu lassen und sich stattdessen zu konzentrieren.[612] Silent Reading Partys oder Slow Reading Clubs sehen ihre Bedeutung darin, einen Raum zu schaffen, in dem man in ruhiger Atmosphäre und gemütlichem Ambiente lesen kann. Da sich die Konzentration zu Hause oder auch in der Bibliothek in Anwesenheit des Handys und des Internets als zunehmend schwierig erweist, sollen diese Veranstaltungen einen Rahmen ermöglichen, in welchem dem Besucher gar nichts anderes übrigbleibt, als zu lesen. Die Journalistin Sophie Heawood besuchte den Slow Reading Club nach neuseeländischem Vorbild, der Ende 2014 in London gegründet wurde. In einer kleinen Gruppe erlebte sie dort, was sie beim alleinigen Lesen schon lange vermisste. Sie konnte sich in ihr Buch vertiefen, sich ohne Ablenkung konzentrieren und ganz im Sinne des Slow Readings eine tiefe Beziehung mit dem Werk eingehen:[613]

> *And so you exhale and you read. In fact, I noticed so many gentle details in my book that I hadn't seen the first time I tried to start it, at home in bed, that I wondered how much I had been missing in all of my other books too. My attention was squarely focused on the page, for once – there was nowhere else in the room I could politely look.*[614]

610 Vgl. »Silent Reading«: Endlich ungestört in der Kneipe lesen. In: RP Online vom 24. März 2016. URL: http://www.rp-online.de/nrw/staedte/duesseldorf/kultur/silent-reading-endlich-ungestoert-in-der-kneipe-lesen-aid-1.5858184 [01.05.2016].

611 Ebd.

612 Vgl. Silent Reading – eine Party, die ganz neue Seiten aufschlägt.

613 Vgl. Heawood, Sophie: Book clubs with a difference – have you tried Slow Reading?

614 Ebd.

Damit schaffen es Slow Reading Clubs und Silent Reading Partys die Ziele des Slow Readings umzusetzen, einen tieferen Einstieg und besseres Verständnis für die Literatur zu fördern und Menschen zusammenzubringen.

5.3.3 *Locality, Micro Publishing and Slow Libraries*

»The theme of locality from Slow Food adds dimension to the meaning of slow reading,«[615] denn auch Slow Reading hat eine **lokale Komponente** und möchte beispielsweise kleine Verlage und die Ortsgemeinschaft zusammenbringen.

> *›Slow Reading‹, writes Miedema, ›is a community event restoring connections between ideas and people. The continuity of relationships through reading is experienced when we borrow books from friends; when we read long stories to our kids until they fall asleep.‹*[616]

Bei Slow Reading oder *Slow Books*, wie Miedema diese spezielle Form des Slow Readings nennt, geht es darum, lokale Feste und Treffen zu veranstalten, »which may be of great interest to residents and visitors seeking to learn more about a particular region, but [are] too limited in market appeal for mass production.«[617] Veranstaltungen oder Bücher, die nicht für den Profit des Autors oder Verlages geschrieben wurden, sondern ein lokales Thema aufgreifen und damit großes Interesse bei der lokalen Bevölkerung wecken, sind also ebenfalls ein Teil des Slow Readings.[618] Diese Gemeinsamkeit mit Slow Food ist ein wichtiger Bestandteil des Slow Reading Movements. Das Einbeziehen der gesamten Buchbranche mit allen Teilnehmern erweitert Slow Reading zu mehr als einer bloßen Lesetechnik. Slow Reading wird durch Feste und Veranstaltungen, durch die Einbeziehung des lokalen Buchhandels, kleiner Verlage und des Autors zu einer Bewegung, welche den gesamten Umgang mit dem Buch und dessen kompletten Lebenszyklus verlangsamen und nachhaltig stärken möchte. Newkirk beschreibt die Parallelen zwischen Slow Food und Slow Reading wie folgt:

615 Miedema: Slow Reading, S. 44.

616 Kingsley, Patrick: The art of slow reading. In: The Guardian vom 15. Juli 2010. URL: http://www.theguardian.com/books/2010/jul/15/slow-reading [03.11.2015].

617 Miedema: Slow Reading, S. 44.

618 Vgl. ebd.

> *My title for this book mirrors the concept of Slow Food. The analogy is not precise – books are not food, reading is not eating, growing is not writing. But there is something there. In ›fast-food nation‹ quantity tops quality; local culture vanishes; we are cut off from the production and cooking of our food; and we lose touch with the resourcefulness of earlier generations […].*[619]

Ebenfalls bedeutsam für das Slow Reading Movement ist es, lokale Traditionen in Schriftform zu veröffentlichen. Buchläden sollen über ihre Gegend und deren Besonderheiten informieren sowie Lesungen veranstalten, bei denen lokale Autoren vorgestellt werden. Slow Reading möchte inhaltlich ortsgebundene Traditionen aufnehmen und verbreiten. Es soll eine »local tradition in writing and **micro-publishing**«[620] entwickelt werden, um somit den Ortsverbund, kleine Verlage, Nischenprodukte und Traditionen zu stärken. Der Begriff Micro-Publishing umfasst unter anderem kleine unabhängige Verlage, traditionsgebundene Buchläden und auch die Herstellung von beispielsweise sehr kleinen Auflagen spiezieller Pubikationen für einen geringen Kundenstamm bzw. für eine Nische. Der ganze Lebenszyklus des Buches soll nachhaltiger gestaltet werden und mehr Individualität zulassen. Natürlich können Bücher auch mit deren Inhalten Slow Reading und das Slow Movement aufgreifen und dadurch unterstützen. Wie groß das Bedürfnis nach Entschleunigung ist und welche Möglichkeiten sich Verlagen und Buchhandlungen bieten, sieht man beispielsweise an dem explosionsartig wachsenden Trend der Ausmalbücher für Erwachsene.[621] Durch das langsame und genussvolle Ausmalen von vorwiegend blumigen und märchenhaften Rankenmustern soll, ähnlich wie beim Slow Reading, Stress abgebaut und das Leben entschleunigt werden. Diese Entspannungsübung erfreut sich so großer Beliebtheit, dass Faber-Castell Sonderschichten anordnen musste, um die Nachfrage an Buntstiften stillen zu können.[622] Die britische Illustratorin Johanna Basford verkaufte weltweit bereits mehr als 16 Millionen Ex-

619 Newkirk: The Art of Slow Reading, S. 41.

620 Miedema: Slow Reading, S. 44. Anmerkung: Hervorhebung J. K.

621 Vgl. Kock, Felicitas: Kritzeln gegen den Stress. In: Süddeutsche Zeitung vom 19. April 2015. URL: http://www.sueddeutsche.de/stil/trend-malbuecher-fuer-erwachsene-kritzeln-gegen-den-stress-1.2434628 [17.05.2016].

622 Vgl. Huber, Matthias/Schulz, Jakob: Buntstifte-Hersteller schieben Sonderschichten – wegen Erwachsenen. In: Süddeutsche Zeitung vom 22. März 2016. URL: http://www.sueddeutsche.de/wirtschaft/schreibwaren-buntstifte-hersteller-schieben-sonderschichten-wegen-erwachsenen-1.2916740 [24.04.2016].

emplare (Stand März 2016) und verschiedene Stiftehersteller wie *Stabilo, Faber-Castell* und *Staedtler* bieten spezielle Stifte-Sets für die neu entstandene Zielgruppe an.[623]

Laut Miedema können allerdings nicht nur Verlage Micro-Publishing betreiben: Auch Bibliotheken können »independent publishers of local stories using both digital and traditional media«[624] werden. Weitere Chancen für eine Art des Micro-Publishing sieht er in von Bibliotheken und Büchereien geführten Internetblogs, die editierte Geschichten von lokalen Autoren veröffentlichen.[625] Slow Reading bietet viele Chancen, ein divergentes lokales Angebot zu schaffen und den Buchmarkt wieder zu individualisieren:

> *Just as slow food helps develop the local food industry, so too local storytelling and publishing helps develop local authors and the arts community. Also, while the global publishing industry does filter out low quality material, it also filters out a lot of good and divergent voices that do not have sufficient market appeal.*[626]

Miedema verwendet den Begriff *Fast Books,* um aufzuzeigen, wie Bücher heutzutage produziert und konsumiert werden. Schon seit Jahren verdrängen massentaugliche Bestseller, große Verlage und Buchhandelsketten die kleinen unabhängigen Verlage und traditionellen Familienbetriebe, wodurch sich die Buchbranche verändert und an Divergenz und Individualität verliert. Viele Texte haben nur noch eine geringe Chance, verlegt zu werden, Autoren sind verzweifelt auf der Suche nach kleinen Verlagen und die großen Medienkonzerne überschwemmen den Buchmarkt mit zahlreichen sich ähnelnden Bestsellern.

> *Fast books are those produced for the broadest possible appeal, stamped out in assembly lines and distributed at points of maximum exposure such as Amazon or warehouse-sized bookstores. [...] Fast reading is also associated with reading on the web, where people tend to scan content rather than read slowly.*[627]

623 Vgl. ebd.
624 Miedema: Slow Reading, S. 48.
625 Vgl. ebd.
626 Ebd.
627 Ebd., S. 44.

Die Leser, die sich noch für das Lesen als Freizeitaktivität entscheiden, überfliegen den Text, halten selten inne und vergessen anschließend oftmals den Namen des Autors.[628] »Slow readers, on the hand, seek out the writers and places associated with local stories. [...] slow reading [...] engages memories and feelings only a local resident will share."[629] Die Leser sollen sich intensiver mit dem Gelesenen auseinandersetzen und am besten die Schauplätze, die in den Werken beschrieben werden, besuchen, um eine neue Ebene des Verstehens zu erreichen. Außerdem sollen Leser zu Lesungen des Autors gehen und diesen nach Möglichkeit kennenlernen, um auch damit das Werk besser verstehen zu können. Diese Art des Lesens »connects readers to their literary community and enriches their reading experience.«[630] Slow Reading möchte diese Verbindung zwischen Verlag, Autor, Tradition, Inhalt und Leser herstellen und damit eine intensivere Erfahrung ermöglichen. Durch den Charakter eines jeden Lesers gibt es eigenständige Erfahrungen, die sich natürlich unterscheiden. Auch in diesem Aspekt ruht eine Form von Lokalität:

> *Personal history, a current situation, as well as thoughts and feelings condition the reader's response. The reading is local in a geographical sense because a reader comes from some physical place that defines his or her perspective. The reading is also local in a psychological sense since it is coloured by the reader's preoccupations and cares.*[631]

Eine Möglichkeit, um diese Ziele umzusetzen und an einem Ort zu bündeln, sehen Slow Reading Vertreter in Bibliotheken und Büchereien. Wie schon beschrieben, versteht Miedema Bibliotheken als zukünftige Micro-Publisher von lokalen Autoren und ortsgebundenen Geschichten. Eine andere Möglichkeit, Slow Reading zu unterstützen, sieht er auch in deren Programmauswahl. So könnten sie beispielsweise Kunstbücher oder Kunstdrucke, Sonderausgaben und limitierte Editionen aufnehmen und sich damit an eine gewisse Zielgruppe wenden. Natürlich bedürfen gerade solche Ausgaben eines besonderen Hintergrundwissens oder zumindest einer gewissen Leidenschaft. Dadurch könne die jeweilige Bibliothek jedoch eine Nische besetzen

628 Vgl. Miedema: Slow Reading, S. 45.
629 Ebd.
630 Lacy: The Slow Book Revolution, S, 9.
631 Miedema: Slow Reading, S. 46.

und sich an spezielle Zielgruppen richten.[632] In *The Slow Book Revolution*[633] beschreibt Megan Lacy, »how libraries, particularly academic libraries, can help readers discover, or rediscover, these pleasures. As repositories of the print (and electronic!) word, libraries are ideally suited to this task.«[634]

In den Kapiteln schreiben Angestellte von verschiedenen Bibliotheken, welche Möglichkeiten sie in ihrem Beruf und in der Institution der Bibliothek sehen, um einen Teil zum Slow Reading Movement beizutragen.[635] »Thematically, all of these chapters are linked in their insistence that readership is best encouraged through social support, which libraries can easily provide.«[636] Die oftmals fehlende soziale Komponente des Lesens ist für Lacy generell ein wichtiger Bestandteil des Slow Readings. »In fact, one of the reasons that books may currently lack appeal is because of their solitary image.«[637] Wie die Slow Book Clubs und Silent Reading Partys sollen auch Bibliotheken Angebote schaffen, um Menschen beim Lesen zusammenzubringen. Durch »book discussion groups, One Book reading programs, and more, libraries can tap into reading's social side and help build real connections between people.«[638] Bibliotheken müssten ihre Angebote erweitern und den Besuchern nicht nur eine Auswahl hinsichtlich Veranstaltungen und Treffen, sondern auch im Bezug auf die Bücher, die es gibt, bieten.[639] Durch dieses Angebot und verschiedene Veranstaltungen kann Lesen zu einer aktiven Tätigkeit werden und in Verbindung zu anderen Lesern stehen. »In the same way that Arci Gola drew communities in Italy together through fine food, libraries have the power to draw communities together through fine books.«[640] Viele Bibliotheken in den USA antworten bereits mit einer Umstrukturierung ihrer Kernaufgaben und ihres Selbstverständnisses auf den digitalen Wandel. Dazu gehören nicht nur ausleihbare digitale Medien, ein größeres Angebot an DVDs sowie PC-Spielen und ganze Zimmer voller Fernseher mit angeschlossenen Spielekonsolen. Bei den Meisten steht auch das Ziel im Vordergrund, eine Art Gemeindehaus zu werden, ein Treffpunkt für Familien, Kinder, Jugendliche und Senioren:[641]

632 Vgl. ebd., S. 48.
633 Lacy: The Slow Book Revolution.
634 Ebd., S. viii.
635 Vgl. ebd., S. ix.
636 Ebd.
637 Ebd., S. 13.
638 Ebd., S. viii.
639 Ebd., S. 12.
640 Ebd.
641 Vgl. Sarno, David: Libraries reinvent themselves as they struggle to remain relevant in the digital age. In: LA Times vom 21. November 2010. URL: http://articles.latimes.com/2010/nov/12/business/la-fi-libraries-20101112 [06.05.2016].

> *In response, public libraries in particular are looking to become more like community centres. At Rangeview in Colorado, visitors can help cultivate the library's garden, take classes on how to use Facebook or attend ›Harry Potter‹ -themed rock concerts on the library floor.*[642]

Auch in Deutschland finden in den meisten Bibliotheken wöchentlich mehrere Veranstaltungen, oftmals für Kinder und häufig in Kooperation mit Kindereinrichtungen und Schulen, statt. Als Folge erfährt der Bibliotheksbau eine Renaissance, denn mit Bibliotheksgebäuden wird zunehmend ein markanter Akzent im Stadtbild gesetzt. Auch die Ausstattung verändert sich, das Angebot wird größer und oftmals gibt es zahlreiche Arbeitsplätze mit W-LAN-Zugang sowie Räume, die den verschiedenen Veranstaltungen gerecht werden.[643] Gerade die Funktion als Lese- und Arbeitsraum hat bei Nutzern eine hohe Präferenz und wird bei zukünftigen Bauten dementsprechend beachtet. In Deutschland steht jedoch »die von Bibliothekaren gern herausgestellte Funktion als Treffpunkt«[644] bisher weniger im Vordergrund. Ein weiteres Hauptthema im Buch vom Lacy sind die sogenannten *readers' advisories.* Dabei handelt es sich um die Beratung der Leser und Kunden durch Bibliothekare. Diese Beratung soll nicht nur dabei helfen, sich im Katalog oder in den Regalen zurecht und das passende Buch für die Wünsche des Besuchers zu finden, im Mittelpunkt steht auch die soziale Interaktion in der Bibliothek. Lacy ist der Meinung, dass man durch *readers' advisory* das Interesse am Lesen fördern und erweitern könne und dass diese Praxis die Beliebtheit und die Nutzung der Bibliothek stark beeinflusse. Für sie sind sie ein wichtiger Teil des Slow Readings und die Kernaufgabe sowie Kernkompetenz des Bibliothekares. In *The Slow Book Revolution*[645] stellen mehrere Bibliothekare ihre unterschiedlichen Techniken vor. »Libraries, as selectors and tastemakers, have the ability to create and mold that audience and therefore preserve a culture around reading.«[646] Es gibt allerdings noch weitere Gründe, weswegen Bibliotheken dafür prädestiniert sind, sich am Slow Reading Movement zu beteiligen. So sei es ausgesprochen wichtig, dass Lesern der

642 Sarno: Libraries reinvent themselves as they struggle to remain relevant in the digital age.

643 Vgl. Umlauf, Konrad: Bibliotheken als Organisationen zur Bereitstellung von Lektüre. In: Lesen. Ein interdisziplinäres Handbuch. Hrsg. von Ursula Rautenberg und Ute Schneider. Berlin, Boston: De Gruyter 2015, S. 599–621, S. 603.

644 Ebd., S. 617.

645 Lacy: The Slow Book Revolution.

646 Ebd., S. 8.

Unterschied zwischen dem literarischen Lesen (in Büchern) und dem informellen Lesen (beispielsweise im Web) vermittelt werde. Bei dem ersten ginge es um das Verstehen von Informationen und beim zweiten um das Finden.[647]

> *For this reason, libraries – more than anyone – are poised to lead the Slow Books movement. First, as teachers of information literacy, librarians are already teaching their users how to become multitextual. Second, as iconic symbols of the printed word, libraries possess the cultural cachet to change and transform attitudes toward reading.*[648]

Einen weiteren Grund für die elementare Rolle in der Vermittlung und der Verbreitung von Slow Reading liegt in der genannten Freiwilligkeit des Lesens. Wie zuvor erläutert wurde, lesen Kinder häufiger und mit mehr Spaß, wenn es eine freiwillige Tätigkeit ist. Freiwilliges Lesen führt nicht zwangsläufig zu einer hohen Lesekompetenz, aber es bildet die Grundlage für den Spaß am Lesen, für lebenslanges Lesen und für das Verstehen komplexerer Werke.[649]

> *It is for this reason that libraries are so well positioned to lead the Slow Book movement. Unlike most classroom settings, libraries provide readers with choices and allow them to follow the path of their own curiosity.*[650]

Für Lacy ist das Hauptziel des Slow Readings bzw. Slow Books, wie sie es nennt, »promoting the pleasures of reading«[651] und der erste Schritt dahingehend sei die Förderung des freiwilligen Lesens und des eigenständigen Auswählens des Buches. Um Bibliotheken weiterhin an die Bedürfnisse der Leser anzupassen und um das Slow Reading Movement weiter zu entwickeln, sei der nächste Schritt, »to expand and develop readers' tastes by encouraging them to explore more complex literary texts and supporting them as they endeavour to do so.«[652] Miedema sieht Bibliotheken aus mehreren Gründen als große Chance für das Slow Reading Movement an. Wie schon

647 Vgl. ebd.
648 Ebd.
649 Vgl. ebd., S. 10 f.
650 Ebd., S. 10.
651 Lacy: The Slow Book Revolution, S. 11.
652 Ebd.

erwähnt, erhofft er sich Bibliotheken als Micro-Publisher, die lokale Autoren unterstützen und vielleicht sogar deren Werke in kleineren Auflagen verlegen und vorstellen. Wie solche Ansätze wirtschaftlich umgesetzt werden können, bleibt von ihm jedoch unerwähnt. Miedema spricht zusätzlich von lokalen Informationen, für die es im schnellen Internet nur wenig Platz gäbe und die schon immer in Bibliotheken zu finden seien.[653] Bei diesen kann es sich beispielsweise um »community information on employment opportunities, local businesses, social services, education, recreation, local government and community organizations«[654] handeln. Seit dem Erscheinen von Miedemas Werk hat sich allerdings auch das Internet verändert und so findet man dort inzwischen fast alles Erdenkliche. Trotzdem ist Miedemas Empfehlung für Bibliotheken, detaillierte lokale Informationen zu sammeln und gebündelt ins Web hochzuladen, noch zeitgemäß und es bleibt abzuwarten, ob sich diese Ideen durchsetzen können: »[...] libraries are hubs of slow information, producers of local content, and an important complement to the centralized stores of giants like Google who cannot be bothered to collect it.«[655] Aber Bibliotheken sind natürlich wesentlich mehr als die Informationen, die sie sammeln, »they provide a context to information and a house to the people who use it.«[656]

Büchereien und Bibliotheken können durch einige der genannten Ideen ihr Image und auch ihr Angebot erweitern und so einen wichtigen Beitrag zum Slow Reading leisten. Sie bieten einen Treffpunkt für eine Gemeinschaft, ähnlich wie Slow Reading Clubs, können Veranstaltungen organisieren, lokalen Autoren, Werken und Traditionen eine Plattform bieten und den Lesern durch professionelle Beratung neue Horizonte eröffnen und einen neuen Zugang zu Literatur aufzeigen. Als Ort der Stille und der Konzentration bieten sie zudem ein wichtiges Sinnbild für die Bestrebungen des Slow Readings.

Die aufgezählten Umsetzungsmöglichkeiten von Slow Reading reichen von genauen Lesetechniken bis zu Slow Reading Clubs und neuen Verlagsstrategien. Die vorgestellten Slow Reading Clubs zeigen auf, wie eine mögliche Umsetzung des Lesetrends funktioniert und verzeichnen eine wachsende Beliebtheit. Auch die Veränderung von Bibliotheken und dem dortigen

653 Vgl. Miedema: Slow Reading, S. 46 f.

654 Ebd., S. 47.

655 Ebd.

656 Ebd., S. 49.

Angebot kündigen ein erstes Umdenken an. Der Slow Reading Ansatz wurde jedoch noch nicht von weiteren Branchenteilnehmern, z. B. von Verlagen oder von dem stationären Buchhandel, umgesetzt. Die Forschungsliteratur bietet vor allem theoretische Ansätze zur Umsetzung von Slow Reading und Anleitungen zum richtigen Lesen.

6 SLOW READING – EIN MEDIENKRITISCHER LESETREND

Die Kulturtechnik des Lesens sieht sich seit deren Entstehung im 4. Jahrtausend v. Chr. unzähligen Veränderungen und einem ständigen Wandel ausgesetzt. Während die letzten großen Leserevolutionen schon einige Jahrhunderte zurückliegen, könnte das Leseverhalten erneut vor einem radikalen Wandel stehen. Durch die wellenförmig steigendenden Beschleunigungstendenzen der Moderne und durch die industrielle und digitale Revolution verändert sich nicht nur das Zeitempfinden und das Lebenstempo der Menschen, sondern auch deren Medienkonsum. Das Leben wird immer schneller und neue technologische Errungenschaften ermöglichen eine Anpassung an diese wachsende Geschwindigkeit in fast allen Lebenslagen. Das Internet und digitale Medien erfordern eine neue Medienkompetenz und einen neuartigen Umgang mit diesen. Digitales Lesen erfordert andere Kompetenzen als das Lesen in Printformaten: Während man online viel schneller von einer Internetseite zur nächsten, von einem Artikel zum anderen springt und die vielen Selektionsmöglichkeiten zu nutzen wissen muss, erfordert der fixierte lange Printtext eine andere Art von Konzentration und Engagement. Immer mehr Menschen fällt diese, bis vor kurzem vorherrschende und selbstverständliche Leseart in gedruckten Büchern schwer. Die Leser lassen sich immer leichter ablenken und lesen längere Texte oftmals nur noch ungern, während das Lesen digitaler Inhalte zunehmend leichter fällt.

Slow Reading ist ein Lesetrend, der auf diese Entwicklung antwortet und sich seit wenigen Jahren in den USA und inzwischen auch in Europa und Deutschland verbreitet. Die Idee für das bewusste Entschleunigen des Lesens, welche dem Slow Reading zu Grunde liegt, stammt von dem internationalen Slow Movement und dessen Vorreiter Slow Food. Bei den Bewegungen handelt es sich um ideologische Gegenbewegungen, die sich gegen die wachsende Beschleunigung des Lebens richten und über die Konsequenzen der damit verbundenen Lebensweisen aufklären möchten. Auch Slow Reading entstand aus dem Bedürfnis heraus, Lesen wieder zu einer erfreulichen, nicht gehetzten und qualitativ hochwertigen Freizeitbeschäftigung werden zu lassen und sich dafür auf frühere Lesepraktiken zu besinnen. Bewusstes und langsames Lesen, das zu einem besseren Verständnis führen soll, findet sich schon in der Antike und auch im Mittelalter wieder. Vor allem der religiöse Umgang mit Literatur fordert schon seit Jahrhunderten zum wiederholten und langsamen Lesen auf, um die Inhalte besser zu verinnerlichen. Auch die Literaturwissenschaft bietet Theorien, die dem Slow Reading ein Vorbild sind und verwendet Arbeitstechniken, die von dem neuen Lesetrend aufgegriffen werden. Slow Reading ist eine neue Lesart, die dem Verkommen der Lesekultur entgegenwirken will, indem sie die Kompetenz der eigentlichen Tätigkeit verbessern und eine gemeinsame Buchkultur aufbauen möchte.

Zu dieser Lesekultur gehören auch das Stärken der lokalen Gemeinschaft, das Zusammenbringen von Menschen und die Anpassung des Buchmarktes. Slow Reading Clubs spielen dabei eine genauso wichtige Rolle wie Bibliotheken und lokale Autoren. Lokale Verbünde sollen gefördert, ortsansässige Autoren mit Hilfe von Bibliotheken veröffentlicht und über den unabhängigen Buchladen bekannt gemacht werden. Auch die Leser können stärker eingebunden werden. Lesungen sollen ein Kennenlernen zwischen Autor und Leser ermöglichen, Schauplätze aus lokalen Romanen sollen gezeigt und das Buch dadurch lebendiger gemacht werden. Slow Reading bezieht sich nicht nur auf einen neuen Ansatz des Lesens, sondern auf den gesamten Umgang mit Literatur. Weil es aber heutzutage oftmals schon am Lesen scheitert, versuchen beispielsweise Slow Reading Clubs und Silent Reading Partys eine Plattform für verzweifelte Leser zu bieten, die sich im Alltag beim Lesen schnell ablenken lassen. Durch die terminliche Verbindlichkeit und den Gruppenzwang schaffen es viele Besucher, während der mehrstündigen Ruhe in Gesellschaft anderer Literaturfans langsam, genießend und erfolgreich zu lesen. Viele der Besucher sind begeistert und dankbar, dass ihnen ein Umfeld für Slow Reading geboten wird. Slow Reading Clubs sind sicherlich auch für Buchläden eine Chance, neue Kunden zu gewinnen, Kundenbindungen auszubauen oder zu verstärken und sich von großen, unpersönlichen Buchhandelsketten abzusetzen. In ähnlicher Weise liegt hier auch Potential für Bibliotheken, neue Besucher anzusprechen und sich zu einem interessanten Treffpunkt mit erweitertem Programm zu entwickeln. Ebenso könnten Verlage vom aufkommenden Lesetrend profitieren. Bisher haben diese die Möglichkeiten noch nicht erprobt: Slow Reading findet sich weder inhaltlich in Verlagsprogrammen wieder, noch wird der Ansatz für Werbezwecke aufgegriffen. Welche Chancen Slow Reading für die verschiedenen Akteure der Buchbranche bietet, ist sicherlich ein Ansatz, den es zu untersuchen lohnt. Wie groß das Bedürfnis nach Entschleunigung und nach Entspannungsmomenten im Alltag ist, zeigen Trends wie die Erwachsenen-Ausmalbücher[657] und das stetig wachsende Interesse an Entspannungssportarten wie Yoga oder auch an Klosteraufenthalten als Kurztrips. Entspannung versprechen sich zudem zahlreiche junge Menschen durch selbstgemachte Produkte und altbekannte Tätigkeiten: Omas alte Hausrezepte kochen, Nähen und Stricken, Gartenarbeit und das Halten von Bienen in eigener Bienenzucht erfreuen sich wieder wachsender Beliebtheit.[658] Ob es sich dabei nur um Trenderscheinungen handelt oder um eine nachhaltige Veränderung der Gesellschaft, ist noch abzuwarten. Dieselbe Frage gilt für Slow Reading. Ob Slow Reading eine neue Leserevolution wird oder nur eine kleine Protestbewegung gegen das immer schneller werdende Lesen und Leben darstellt, wird sich in den nächsten Jahren zeigen. Fest steht, dass die momentanen Trends viele Möglichkeiten für den Buchmarkt bieten und sich zahlreiche spannende Fragen hinsichtlich des weiteren Verlaufes des Lesetrends ergeben. Die Möglichkeiten, die E-Books und enhanced E-Books für das Slow Reading Movement eröffnen, sind bisher noch nicht thematisiert worden, dabei gibt es auch in diesem Bereich viele Chancen für Slow Reading; beispielsweise können diverse Einstellungen das Wechseln auf Webseiten verhindern und damit Ablenkungen verringern. Auch die Leserforschung findet im Slow Reading neue Ansätze, die das aktuelle Leseverhalten nachträglich beeinflussen könnten und für die Forschung neue Themen bieten. Hier stellt sich auch die Frage nach den verschiedenen Lesertypen des 21. Jahrhunderts. Während die einen kaum noch lesen, gibt es die Leser von digitalen Inhalten und die, die vor allem online lesen. Neben die traditionellen Vielleser reihen sich nun allmählich die Slow Reader, die sich daran erinnern müssen oder möchten, wieder langsam, bewusst und mit Genuss zu lesen. Ob sich aus

657 Vgl. Kock: Kritzeln gegen den Stress.

658 Vgl. Keller, Maren: Handarbeitstrend. Warum wir plötzlich alles selber machen wollen. In: Spiegel Online vom 17. Mai 2016. URL: http://www.spiegel.de/spiegelwissen/handarbeit-die-welt-begreifen-a-1090785.html [21.05.2016].

dem Lesetrend jedoch wirklich ein eigener Lesertyp entwickeln kann, bleibt ebenfalls abzuwarten. Für die Buchwissenschaft ist Slow Reading auch deswegen von Interesse, weil es nicht nur ein aktueller Lesetrend ist, der auf gesellschaftliche Tendenzen reagiert, sondern weil er als Parallelentwicklung während einer Zeit des Umbruchs in der Buchbranche erscheint. Neben das digitale Lesen in Formaten wie E-Books und Buch-Apps tritt das bewusste langsame Lesen von möglichst dicken, gedruckten Büchern und erschafft möglicherweise damit nicht nur eine neue Lesegesellschaft, sondern auch eine neue Zielgruppe für den Buchmarkt. Es handelt sich um einen Lesetrend, der sich gegen das Verkommen der Lesekultur richtet und die Lebensqualität durch das Verbessern der Lesekompetenz erhöhen möchte. Slow Reading hat zum Ziel, dass die großen Klassiker der Literatur auch noch in den nächsten Jahrhunderten gelesen und verstanden werden können. Dieser Lesetrend bietet auch deswegen noch zahlreiche (in dieser Publikation) unbeachtete Aspekte und Chancen, für weitere buchwissenschaftliche, soziologische und literaturwissenschaftliche Untersuchungen.

QUELLEN- UND LITERATURVERZEICHNIS

Quellen

Gedruckte Quellen

Petrini, Carlo: Slow Food. Geniessen mit Verstand. Zürich: Rotpunktverlag 2003.

Spitzer, Manfred: Digitale Demenz. München: Droemer 2014.

Internet Quellen

ARD/ZDF-Onlinestudie 2014. Überblick. URL: http://www.ard-zdf-onlinestudie.de/index.php?id=506 [19.05.2016].

Blinkist. Webseite. URL: https://www.blinkist.com/de/ [19.05.2016].

Burkeman, Oliver: How to find time to read. In: The Guardian vom 03.2015. URL: http://www.theguardian.com/lifeandstyle/2015/apr/03/how-to-find-time-to-read-oliver-burkeman [22.01.2016].

Buzzell, Linda: In Praise of Slow Reading. In: Huffpost Healthy Living vom 21. Dezember 2015. URL: http://www.huffingtonpost.com/linda-buzzell/in-praise-of-slow-reading_b_8855632.html [22.01.2016].

Carr, Nicholas: Is Google Making Us Stupid? In: The Atlantic vom Juli/August 2008. URL: http://www.theatlantic.com/magazine/archive/2008/07/is-google-making-us-stupid/306868/ [19.05.2016].

Denhoed, Andrea: Reader's Night Out. In: The New Yorker vom 23. Mai 2014. URL: http://www.newyorker.com/books/page-turner/readers-night-out [29.04.2016].

Fraschke, Bettina: Film ohne Schnitt: »Victoria« im Berlinale-Wettbewerb. In: HNA vom 08. Februar 2015. URL: http://www.hna.de/kultur/film-ohne-schnitt-victoria-berlinale-wettbewerb-4714653.html [20.05.2016].

Groll, Tina: Ein Buch in einer Stunde. In: Zeit Online vom 28. Juni 2012. URL: http://www.zeit.de/karriere/beruf/2012-06/schnell-lesen-selbsttest [19.05.2016].

Haupt, Johannes: Apple Watch und Spritz: Dream Team fürs E-Reading? [+Umfrage]. In: Lesen.net vom 11. September 2014. URL: http://www.lesen.net/ebook-news/apple-watch-und-spritz-dream-team-fuers-e-reading-umfrage-14562/ [20.05.2016].

Haupt, Johannes: Speed Reading mit Handbremse: Kindle-App integriert Word Runner. In: Lesen.net vom 18. September 2015. URL: http://www.

lesen.net/ebook-news/speed-reading-mit-handbremse-kindle-app-integriert-word-runner-22505/ [20.05.2016].

Heawood, Sophie: Book clubs with a difference – have you tried Slow Reading? In: The Guardian vom 09. Januar 2015. URL: http://www.theguardian.com/lifeandstyle/2015/jan/09/book-clubs-with-difference-have-you-tried-slow-reading [02.05.2016].

Hoffmann, Victoria: Mit neuer Technik schneller lesen. In: Zeit Online vom 27. August 2010. URL: http://www.zeit.de/karriere/beruf/2010-08/weiterbildung-schneller-lesen [19.05.2016].

Huber, Matthias/Schulz, Jakob: Buntstifte-Hersteller schieben Sonderschichten – wegen Erwachsenen. In: Süddeutsche Zeitung vom 22. März 2016. URL: http://www.sueddeutsche.de/wirtschaft/schreibwaren-buntstifte-hersteller-schieben-sonderschichten-wegen-erwachsenen-1.2916740 [24.04.2016].

JIM 2015. Jugend, Information, (Multi-) Media. Basisstudie zum Medienumgang 12- bis 19-Jähriger in Deutschland. Hrsg. von Medienpädagogischer Forschungsverbund Südwest (mpfs). Stuttgart: Medienpädagogischer Forschungsschwerpunkt Südwest (LFK, LMK) 2015. URL: http://www.mpfs.de/fileadmin/JIM-pdf15/JIM_2015.pdf [05.04.2016].

Keller, Maren: Handarbeitstrend. Warum wir plötzlich alles selber machen wollen. In: Spiegel Online vom 17. Mai 2016. URL: http://www.spiegel.de/spiegelwissen/handarbeit-die-welt-begreifen-a-1090785.html [21.05.2016].

Kingsley, Patrick: The art of slow reading. In: The Guardian vom 15. Juli 2010. URL: http://www.theguardian.com/books/2010/jul/15/slow-reading [03.11.2015].

Kirschenbaum, Matthew: How Reading is Being Reimagined. In: The Chronicle Review (Volume 54, Issue 15, Page B20) vom 07. Dezember 2007. URL: http://www.thinkingtogether.org/350/reading_reimagined.pdf [13.05.2016].

Kock, Felicitas: Kritzeln gegen den Stress. In: Süddeutsche Zeitung vom 19. April 2015. URL: http://www.sueddeutsche.de/stil/trend-malbuecher-fuer-erwachsene-kritzeln-gegen-den-stress-1.2434628 [17.05.2016].

Maggi. Webseite. Über Maggi. Unsere Historie. URL: https://www.maggi.de/ueber-maggi/historie [08.02.2016].

Matter, Gray: Sorry, You can't speed Read. In: The New York Times Sunday Review vom 15. April 2016. URL: http://www.nytimes.com/2016/04/17/opinion/sunday/sorry-you-cant-speed-read.html [15.05.2016].

McDonald's. Deutsche Webseite. Über uns. Geschichte. URL: http://www.mcdonalds.de/uber-uns/geschichte [08.02.2016].

McDonald's. Italienische Webseite. L'Azienda. Chi Siamo. URL: http://www.mcdonalds.it/azienda/storia [30.01.2016].

Munford, Monty: The Slow Movement advances into reading and journalism. In: The Telegraph vom 10. Mai 2015. URL: http://www.telegraph.co.uk/technology/news/11593439/The-Slow-Movement-advances-into-reading-and-journalism.html [20.05.2016].

Nakhle, Aileen: What's new? Slow Reading clubs. In: stuff.co.nz vom 14. Oktober 2014. URL: http://www.stuff.co.nz/life-style/well-good/inspire-me/10610359/Whats-new-Slow-reading-clubs [29.04.2016].

Nietzsche, Friedrich: Morgenröthe. Vorrede. In: Projekt Gutenberg. URL: http://gutenberg.spiegel.de/buch/-3254/1 [03.11.2015].

Praks, Tim: Reading: The Struggle. In: The New York Review of Books vom 10. Oktober 2014. URL: http://www.nybooks.com/daily/2014/06/10/reading-struggle/ [13.05.2016].

Projekt Gutenberg. Webseite. URL: https://www.gutenberg.org/ [20.05.2016].

Reading At Risk. A Survey of Literary Reading in America. Executive Summary. Hrsg. von National Endowment for the Arts. Washington: National Endowment for the Arts 2004. URL: https://www.arts.gov/sites/default/files/RaRExec_0.pdf [13.05.2016].

Reading on the Rise. A new Chapter in American Literacy. Hrsg. von National Endowment for the Arts. Washington: National Endowment for the Arts 2009. URL: https://www.arts.gov/sites/default/files/ReadingonRise.pdf [13.05.2016].

Sarno, David: Libraries reinvent themselves as they struggle to remain relevant in the digital age. In: LA Times vom 21. November 2010. URL: http://articles.latimes.com/2010/nov/12/business/la-fi-libraries-20101112 [06.05.2016].

Schade, Eberhard: Eine Stille, die beruhigt. In: Deutschlandradio Kultur vom 16. März 2016. URL: http://www.deutschlandradiokultur.de/silent-reading-parties-eine-stille-die-beruhigt.2165.de.html?dram:article_id=348527 [01.05.2016].

»sssshhhhut up!!!!« – erste düsseldorfer silent reading party. Ankündigung für die Silent Reading Party am 10. April 2016. In: damenundherren.de. URL: http://www.damenundherren.de/veranstaltungen/sssshhhhut-up-erste-duesseldorfer-silent-reading-party/ [01.05.2016].

Silent Reading – eine Party, die ganz neue Seiten aufschlägt. In: WAZ vom 17. April 2016. URL: http://www.derwesten.de/region/eine-party-die-ganz-neue-seiten-aufschlaegt-silent-reading-id11742870.html [01.05.2016].

»Silent Reading«: Endlich ungestört in der Kneipe lesen. In: RP Online vom 24. März 2016. URL: http://www.rp-online.de/nrw/staedte/duesseldorf/kultur/silent-reading-endlich-ungestoert-in-der-kneipe-lesen-aid-1.5858184 [01.05.2016].

Silent Reading Party in Kiel. Facebook Seite. URL: https://www.facebook.com/events/780133535463702 [01.05.2016].

Silent Reading Party New York City. Facebook Seite. URL: https://www.facebook.com/ReadingPartyNYC [29.04.2016].

Silent Reading Party New York City. Webseite. URL: http://silentreadingpartynyc.com/ [29.04.2016].

Slow Food. Deutsche Webseite. www.slowfood.de [22.02.2016]

Slow Food. Internationale Webseite. www.slowfood.com [22.02.2016]

Slow Food Foundation for Biodiversity. Internationale Webseite. What is the Foundation. URL: http://www.fondazioneslowfood.com/en/what-is-the-foundation/ [22.02.2016].

Slow Reading Club Co. in Welligton. Webseite. URL: http://slowreadingco.com/ [29.04.2016].

«Slow Reading» – Wenn Lesen zur Yoga-Übung wird. In: Süddeutsche Zeitung vom 18. Dezember 2015. URL: http://www.sueddeutsche.de/news/gesundheit/gesundheit-slow-reading---wenn-lesen-zur-yoga-uebung-wird-dpa.urn-newsml-dpa-com-20090101-151119-99-03116 [29.04.2016].

Speed Reading Promises Are Too Good To Be True, Scientists Find. In: Association For Psychological Science vom 14. Januar 2016. URL: http://www.psychologicalscience.org/index.php/news/releases/speed-reading-promises-are-too-good-to-be-true-scientists-find.html [15.05.2016].

Spritz. Webseite. URL: http://spritzinc.com/ [20.05.2016].

Speed Reading lernen: Angebote im Vergleich. In: Lesen.net. URL: http://www.lesen.net/speed-reading/ [20.05.2016].

The Stranger. Webseite. Silent Reading Party. URL: http://www.thestranger.com/events/18636257/silent-reading-party [29.04.2016].

The World Institute of Slowness. Webseite. URL: http://www.theworldinstituteofslowness.com/ [22.02.2016].

To Read or Not To Read. A Question of National Consequence. Executive Summary. Hrsg. von National Endowment for the Arts. Washington: National Endowment for the Arts 2007. URL: https://www.arts.gov/sites/default/files/ToRead_ExecSum.pdf [13.05.2016].

Ulin, David L.: The lost art of reading. In: LA Times vom 09. August 2009. URL: http://www.latimes.com/entertainment/arts/la-ca-reading9-2009aug09-story.html [22.01.2016].

Verein zur Verzögerung der Zeit. Webseite. URL: http://www.zeitverein.com/659 [19.05.2016].

Whalen, Jeanne: Read Slowly to Benefit Your Brain and Cut Stress. At Least 30 Minutes of Uninterrupted Reading With a book or E-Book Helps. In: The Wall Street Journal vom 16. September 2014. URL: http://www.wsj.com/articles/read-slowly-to-benefit-your-brain-and-cut-stress-1410823086 [29.04.2016].

Forschungsliteratur

Carver, Ronald P.: Reading Rate: A Review Of Research And Theory. San Diego: Academic Press 1990.

Dörr, Gisela: Der technische Rückzug ins Private. Zum Wandel der Hausarbeit. Frankfurt am Main: Campus Verlag 1996.

Glaubitz, Nicola/Groscurth, Henning/Hoffmann, Katja u. a.: Eine Theorie der Medienumbrüche 1900/2000 (MUK 185/186). Siegen 2011. URL: http://dokumentix.ub.uni-siegen.de/opus/volltexte/2011/567/pdf/muk185_186.pdf [18.05.2016].

Graf, Werner: Leseverstehen komplexer Texte. In: Lesen. Ein interdisziplinäres Handbuch. Hrsg. von Ursula Rautenberg und Ute Schneider. Berlin, Boston: De Gruyter 2015, S. 185–205.

Griese, Sabine/Henkel, Nikolaus: Mittelalter. In: Lesen. Ein interdisziplinäres Handbuch. Hrsg. von Ursula Rautenberg und Ute Schneider. Berlin, Boston: De Gruyter 2015, S. 719–738.

659 Anmerkung: Die Webseite des Vereins wurde nach dem Fertigstellen dieser Arbeit grundlegend überarbeitet. Deswegen finden sich nicht mehr alle Informationen über die angegebenen URLs. Die Seiten, die auf die neue Homepage umgezogen sind, wurden mit einem neuen Link versehen.

Hartmann, Benjamin: Antike und Spätantike. In: Lesen. Ein interdisziplinäres Handbuch. Hrsg. von Ursula Rautenberg und Ute Schneider. Berlin, Boston: De Gruyter 2015, S. 623–716.

Honoré, Carl: In Praise of Slowness. Challenging the Cult of Speed. New York: Harper-One 2005.

Hyönä, Jukka/Nurminen, Anna-Mari: Do adult readers know how they read? Evidence from eye eye movement patterns and verbal reports. In: British Journal of Psychology (1/97). Hoboken: Wiley Blackmill 2006. S. 31–50.

Köppe, Tilmann/Winko, Simone: Neuere Literaturtheorien. Stuttgart, Weimar: Verlag J. B. Metzler 2008.

Kübler, Hans-Dieter: Lesen und Medien in der zweiten Hälfte des 20. Jahrhunderts. In: Lesen. Ein interdisziplinäres Handbuch. Hrsg. von Ursula Rautenberg und Ute Schneider. Berlin, Boston: De Gruyter 2015, S. 793–812.

Kuhn, Axel/Hagenhoff, Svenja: Digitale Lesemedien. In: Lesen. Ein interdisziplinäres Handbuch. Hrsg. von Ursula Rautenberg und Ute Schneider. Berlin, Boston: De Gruyter 2015, S. 361–380.

Lesen. Ein interdisziplinäres Handbuch. Hrsg. von Ursula Rautenberg und Ute Schneider. Berlin, Boston: De Gruyter 2015.

Lesen in Deutschland. Eine Studie der Stiftung Lesen. Mainz: Stiftung Lesen 2008.

Luz, Christine: Die Buchrolle und weitere Lesemedien in der Antike. In: Lesen. Ein interdisziplinäres Handbuch. Hrsg. von Ursula Rautenberg und Ute Schneider. Berlin, Boston: De Gruyter 2015, S. 259–277.

Mediengeschichte. 5. vollst. überarb. und erweiterte Ausgabe. Hrsg. von Werner Faulstich. München: Wilhelm Fink Verlag 2004, S. 32.

Metzler Lexikon Literatur- und Kulturtheorie. Ansätze – Personen – Grundbegriffe. 4. akt. und erweit. Auflage Hrsg. von Ansgar Nünning. Stuttgart, Weimar: Verlag J. B. Metzler 2008.

Meyer, Sophia: Bibliotherapie: eine aktuelle Bestandsaufnahme (Initialen 30). Mainz: Mainzer Institut für Buchwissenschaft 2016.

Miedema, John: Slow Reading. Duluth: Litwin Books, LLC 2009.

Mikics, David: In Praise of (Offline) Slow Reading. In: The New York Times vom 04. Januar 2014. URL: http://www.nytimes.com/2014/01/04/opinion/in-praise-of-offline-slow-reading.html [12.11.2015].

Mikics, David: Slow Reading in a Hurried Age. Cambridge, London: Harvard University Press 2013.

Newkirk, Thomas: The Art of Slow Reading. Portsmouth: Heinemann 2012.

Nielsen, Jakob: How Users Read on the Web. In: Nielsen Norman Group vom 01. Oktober 1997. URL: https://www.nngroup.com/articles/how-users-read-on-the-web/ [03.04.2016].

Opaschowski: Horst. W.: Die multimediale Zukunft. Analysen und Prognosen. Hamburg: Freizeit-Forschungsinstitut der British American Tobacco 1997.

Rosa: Hartmut: Beschleunigung. Die Veränderung der Zeitstrukturen in der Moderne. (suhrkamp taschenbuch wissenschaft 1760). Frankfurt am Main: Suhrkamp Verlag 2014.

Schneider, Ute: Frühe Neuzeit. In: Lesen. Ein interdisziplinäres Handbuch. Hrsg. von Ursula Rautenberg und Ute Schneider. Berlin, Boston: De Gruyter 2015, S. 739–763.

The Slow Book Revolution. Creating a New Culture of Reading on College Campuses and Beyond. Hrsg. von Megan Lacy. Santa Barbara u. a.: Libraries Unlimited 2014.

Thompson, E. P.: Time, Work-Discipline, and Industrial Capitalism. In: Past and Present (No. 38). Oxford: Oxford University Press 1967, S. 55–97, URL: http://www.jstor.org/stable/649749?seq=1#page_scan_tab_contents [29.02.2016].

Umlauf, Konrad: Bibliotheken als Organisationen zur Bereitstellung von Lektüre. In: Lesen. Ein interdisziplinäres Handbuch. Hrsg. von Ursula Rautenberg und Ute Schneider. Berlin, Boston: De Gruyter 2015, S. 599–621.

Zukunft des Lesens. Was bedeutet Generationswechsel, demografischer und technischer Wandel für das Lesen und den Lesebegriff. Ergebnisse einer Tagung der Stiftung Lesen. Hrsg. von Jörg F. Maas und Simone Ehmig. Mainz: Stiftung Lesen 2013.

1 Kristina Auer D-Manga. Der japanische Comic und seine deutsche Adaption. 2013. 142 S. 978-3-656-45418-2. **2 Charlotte Kempf** Antikenrezeption vor dem Hintergrund des Medienwechsels im 15. Jahrhundert. 2013. 52 S. 978-3-656-45098-6. **3 Katharina Liehr** Gemeinschaftliche Lektüre im Social Web. Untersuchungen zum Potenzial von Online-Leserunden für die Buchbranche. 2013. 212 S. 978-3-656-45080-1. **4 Svenja Lüll** Schreibschrift oder »Druckschrift«? Welche Schrift soll die Schule lehren? 2013. 56 S. 978-3-656-45076-4. **5 Julia Schaer** Die imaginäre Bibliothek in der Jugendliteratur. Wie die aktuellen Richtlinien realer Bibliotheken in »Harry Potter«, »Die Stadt der träumenden Bücher« und weiteren Werken berücksichtigt werden. 2013. 52 S. 978-3-656-45414-4. **6 Marisara Stecher** Das Buch im transmedialen Franchise. Transmedia Storytelling als Chance für Verlage. 2013. 56 S. 978-3-656-45090-0. **7 Verena Tesar** Online-Verleihmodelle. Wie Bibliotheken und andere Anbieter E-Books über das Internet verleihen können. 2013. 58 S. 978-3-656-45096-2. **8 Jessica Upmeier** Enhanced E-Books – ein neuer Produkttyp auf dem Buchmarkt. Vor- und Nachteile von EPUB 3 zur Umsetzung von Enhanced E-Books. 2013. 56 S. 978-3-656-45157-0. **9 Sarah Lisa Wierich** Typografie im Nationalsozialismus. Instrumentalisierung oder Zeiterscheinung? 2013. 68 S. 978-3-656-45092-4. **10 Elisabeth Windfelder** Das Buch als Werbemittel. Eine Analyse am Beispiel der McDonald's Kooperation 2012/13. 2014. 52 S. 978-3-656-58506-0. **11 Vanessa Roth** Annäherung an eine Ökobilanz von E-Books. 2014. 52 S. 978-3-656-58512-1. **12 Maike Söhner** Money Matters. Alternative Finanzierungsmethoden in der Buchbranche. 2014. 68 S. 978-3-656-58514-5. **13 Heidi Vetter** Alternate Reality Games als Marketinginstrument im Jugendbuchmarkt. 2014. 56 S. 978-3-656-58516-9. **14 Rebekka Zech** Konventionen in Wissenschaftskulturen. Texterschließende Merkmale wissenschaftlicher Publikationen aus den USA, der UdSSR, der DDR und der BRD. 2015. 92 S. 978-3-945883-00-6. **15 Katharina Laufs** Eigenständige Marktbearbeitung statt Lizenzvergabe? Neue Möglichkeiten für Verlage durch Internationalisierung des E-Book-Geschäfts. 2015. 124 S. 978-3-945883-02-0. **16 Sandra Duschl** Informieren, Inszenieren, Integrieren. Corporate Books als Instrumente nachhaltiger Unternehmenskommunikation. 2015. 104 S. 978-3-945883-04-4. **17 Kristin Lulei** E-Books kaufen, abonnieren, leihen? Eine Analyse auf Basis einer Konsumentenbefragung. 2015. 132 S. 978-3-9455883-06-8. **18 Anna Violetta Lex** Das Buch als Erinnerungsobjekt. 2015. 152 S. 978-3-945883-12-9. **19 Dörthe Fröhlich** Register und digitale Bücher. Problematik, Erstellung und Gebrauchswert. 2015. 51 S. 978-3-945883-15-0. **20 David Richter** Bedeutung und Funktion des Buches in literarischen Dystopien. Exemplarisch anhand George Orwells Nineteen Eighty-Four. 2015. 51 S. 978-3-945883-18-1. **21 Martin Steininger** Die Bedeutung von Kulturgütern in der Konsumgesellschaft. Das Buch als Wirtschaftsgut in der Massenkultur. Eine Standortbestimmung nach Walter Benjamin und Theodor W. Adorno. 2015. 41 S. 978-3-945883-21-1. **22 Angela Huber** Wozu Neuschnitte? Das Beispiel der Optima. 2015. 48 S. 978-3-945883-24-2. **23 Magdalena Schlosser** Leichenpredigten des Barock als Forschungsgegenstand. 2016. 51 S. 978-3-945883-27-3. **24 Felicitas Boos** Systemtheoretische Ansätze in der Buchwissenschaft. Idee, Stand der Diskussion, exemplarische Anwendungsbereiche. 2016. 73 S. 978-3-945883-32-7. **25 Nina Rubach** Open Innovation in der Buchbranche. Ein neues Konzept von Innovationen und sein Niederschlag bei Verlagen und Start-Ups. 2016. 58 S. 978-3-945883-35-8. **26 Charmaine Gamisch** Albatross Books. Ein Pionier des modernen Taschenbuchs. 2016. 84 S. 978-3-945883-38-9. **27 Sabrina Holitzner** Leseförderung in den Niederlanden. Am Beispiel der Stiftungen »Stichting Lezen«, »Stichting Lezen & Schrijven« und »Stichting Collectieve Propaganda van het Nederlandske Boek«. 2016. 113S. 978-3-945883-39-6. **28 Anna-Carina Blessmann** Kritik an Autorschaft und Literaturbetrieb am Beispiel ausgewählter Episoden der Serie »Die Simpsons«. 2016. 59 S. 978-3-945883-42-6. **29 Jaquelin Kathrin Matthes** Der aktuelle gesellschaftliche Wertekosmos und seine Spiegelung auf dem deutschen Buchmarkt. 2016. 100 S. 978-3-945883-45-7. **30 Sophia Meyer** Bibliotherapie. Eine aktuelle Bestandsaufnahme. 2016. 106 S. 978-3-945883-48-8. **31 Lisa Eckstein** Das ultimative Anti-E-Book? Der Roman S. – Das Schiff des Theseus von J. J. Abrams und Doug Dorst. 2017. 61 S. 978-3-945883-51-8. **32 Annedore Friedrich** Augmented Reality im Kinderbuch. Eine Rezeptionsanalyse von Leyo!, SuperBuch & Co. 2017. 146 S. 978-3-945883-54-9. **33 Emmelie Öden** Rechtsextreme Verlage in Deutschland. Eine aktuelle Bestandsaufnahme. 2017. 80 S. 978-3-945883-57-0. **34 Franziska Steuer** Soziologie 1900–1933. Eine junge Disziplin im Spiegel ihrer Verlage. 2017. 113 S. 978-3-945883-60-0. **35 Josefine Johanna Mohrhard** Slow Reading. Der neue Lesetrend. 2018. 122 S. 978-3-945883-63-1. **36 Kris Lehmann** Modelle der Programmbildung. Ansätze zur Organsiationstheorie des Verlags. 2018. 86 S. 978-3-945883-66-2. **37 Judith Schumacher** Regenbogenfamilien im deutschsprachigen Bilderbuch. Ein Überblick über Angebot und Rezeption. 66 S. 978-3-945883-69-3. **38 Denise Schneider** Das Buch als Heterotopie. Betrachtungen zur sozialen Dimension des Leseprozesses. 2018. 90 S. 978-3-945883-72-3.

INITIALEN